新装版

運がよくなる
風水収納＆整理術

李家幽竹
Rinoie Yuchiku

日本実業出版社

はじめに

私は、「運のいい人になるためのポイントは?」と聞かれると、決まって「捨て方のうまい人になることです」と答えます。

〝物を捨てる〟ということは、すなわち家や自分自身に宿る〝悪運も一緒に捨てる〟ということ。

「運のいい人」とは、さまざまな意味で常に清浄な状態を保つことができる人のことをいうのです。

その反対に、「捨てられない人」は、体にたまる「悪運も捨てられない人」。

いくらインテリアを整えても、「捨てられない人」の空間は、運のいい空間にはなり得ないのです。

風水では、自分の運を決めるのは、自分の環境であると考えます。それは住環境だけにとどまらず、身に着けるものや食べるもの、自分の行動など、衣・食・住すべての環境を指します。

いまの自分に満足していないのなら、それは、自分の環境の中に必ず原因があるはず。その原因を取り除き、改善することで運のいい自分をつくることができるのです。

あらゆる環境の中でも、住空間は「運をためる場所」。運のいい空間をつくることは、さまざまな行動から得た運を〝ためておく〟ことにつながります。

運をためる空間は、清浄でなければなりません。不要な物を捨てて、必要な物をよりよい状態で収納する――。このことが、運のいい空間づくりにおいて、もっとも大切な要素といえます。

物の捨て方・しまい方で、運は大きく変わってきます。「運の悪い人は存在しない、運を悪くしている人が存在するだけ」

風水ではこのように考えます。みなさんも風水の法則を学んで、運のいい人になりましょう。

李家幽竹

新装版 運がよくなる 風水収納&整理術

目次

Chapter 5

Chapter 6

Chapter 7

Column

カバーデザイン／吉村朋子
カバーイラスト／竹永絵里
本文デザイン／関根康弘（T-Borne）
章扉イラスト／添田あき
本文イラスト／安田ナオミ

Prologue

はじめての風水　知っておきたい基本のこと！

そもそも「風水」とは何？

「風水とは何か?」――この質問にひとことでお答えするなら、「運がよくなるためのマニュアル」といえます。

風水では「運は環境で決まる」とされています。この環境とは、衣・食・住、そして行動など、すべてのことを含みます。こうした環境が、風水的な意味できちんと整えられている人は運のいい人となり、そうではない人は、運のよくない人となってしまうのです。

風水は「環境学」ともいわれるように、気の力を利用して自分の運を鍛える学問なのです。

李朝風水とはどのようなもの？

ここで風水の歴史を少しだけお話ししましょう。

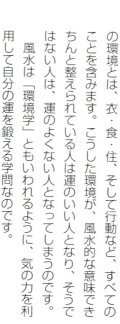

風水は、約四千年前の中国で生まれ、歴史とともに発達してきた学問です。中国では、主に都市や墓所をつくる際、よい土地を探す地理学として用いられました。

また、土地の運気とともに、「時」の運気を読む風水は、軍学としても利用されました。『三国志』に登場する諸葛孔明をはじめ、優れた軍師たちは、同時に優れた風水師でもあったのです。

風水は日本はもちろん、アジア各国に広まりましたが、中でも李朝時代の韓国では大いに発展しました。広い国土をもたない韓国では、インテリアなど身近なところから、風水の理論を実践していく方法が発達したのです。これが、李朝風水です。

運のいい環境は陰陽のバランスが大切

風水では、すべての物を「陰」と「陽」の対比として見ていきます。

「陰」は暗い物や冷たい物、古い物などを意味し、対する「陽」は、明るい、熱い（温かい）、新しいなどを意味します。「陰陽」はバランスがとても大切で、たとえば体に必要以上の「陰」の気がたまると、人は病気になったりします。

この「陰」の気がとどこおった状態のことを「煞気《さっき》」、生命力にあふれた「陽」の気を「旺気《おうき》」と呼びます。

物は、それが新しいうちは旺気に満ちていますが、古くなり、気を失うにつれて「煞気」が強くなります。

人はまわりの環境から気を受け取ります。「煞気」の充満した空間で生活していると、当然ながら「運の悪い人」となってしまいます。

その反対に、いつも旺気の盛んな環境で生活している人は、チャンスやよい出会いに恵まれ、「運のいい人」となるのです。

世の中のすべての物は「五行」の性質をもつ

「陰陽」同様、風水の基礎となるもっとも大切な思想として、「五行」があります。

これは、世の中のすべての物は「木」「火」「土」「金」「水」の5つの要素からなり、そのいずれかの性質をもつという考え方です。

簡単に説明すると、「木」は木製の物、「火」はプラスチックやガラス（明るい場所に置いた場合）、化繊類、「土」は陶器など、「金」は金属や丸い形状の物、「水」はガラス（暗いところに置いた場合）や曲線状の物を表します。

風水では、この世のあらゆる事柄は「五行」のいずれかに分類できるとされます。

「五行」には「相生」「相剋」の関係がある

「五行」では、互いを生かし合い、運気を上げる「相生《そうじょう》」の関係があります。

気の「相生」とは?

木
木は火で燃える。火は木があるとさらに燃え盛る
火
火は燃えつきると灰となって土を肥やす。土は火を中和する
土
金属は土中深くから生み出される
金
風水では、金は水に交わると増えるとされる
水
水は養分となり、樹木や花を大きく育てる

たとえば、金属は土の中から生み出されるため、「金」と「土」には「生まれる」という気が生じます。互いに生かし合う関係であることから、これを「相生」と呼びます。

一方、「火」と「水」の関係のように、互いに対立し合って運気を低下させる「相剋《そうこく》」の関係も存在します。「水」は「火」を消してしまうため、生み出す力が存在しません。よって「相剋」となってしまうのです。

「相生」の関係を上手に使い、「相剋」となるようなしまい方をしないことが、「風水収納」の基本となります。

気の「相剋」とは?

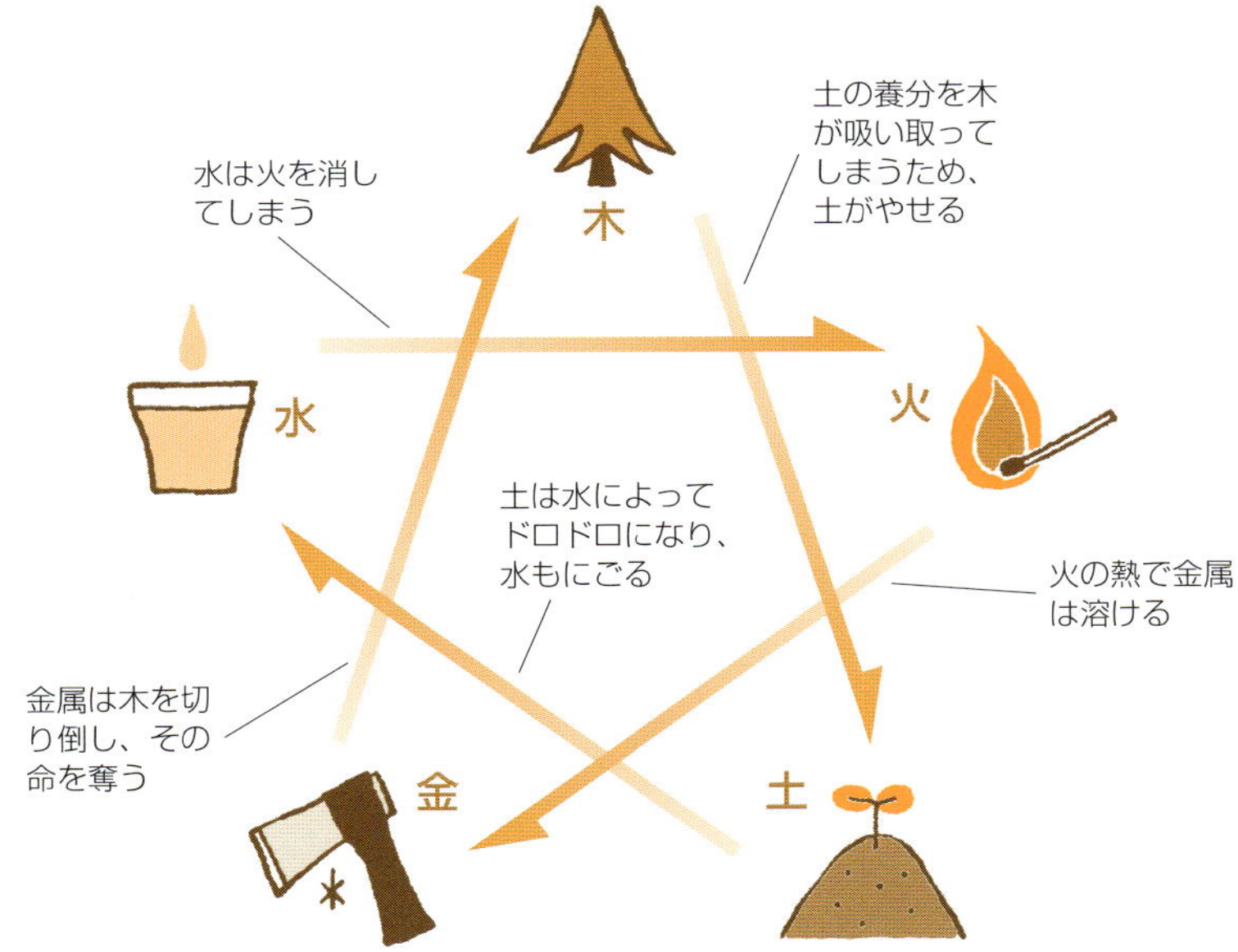
木
火
土
金
水
土の養分を木が吸い取ってしまうため、土がやせる
火の熱で金属は溶ける
土は水によってドロドロになり、水もにごる
金属は木を切り倒し、その命を奪う
水は火を消してしまう

風水にとって捨てること&収納すること

風水は「環境学」ともいわれ、生活を送る環境が、その人の運気を決定すると考えます。ここでいう「環境」とは、衣・食・住、そして行動など、ありとあらゆることを含みます。

どの環境も大切ですが、住環境を整えることは特に重要な意味をもちます。

住まいは、運気を蓄え、養う空間。住環境がよくない人は、運に恵まれない人になります。

風水というと、インテリアや「どこに何を置く」といった部分がクローズアップされがちですが、「不要な物は処分し、残す物は正しい方法で収納する」のが、運気向上のためには、いちばん大切な要素。

風水では、収納スペースは「運気をためる場所」とされ、運を左右するとても大事な空間となります。不要な物をため込む人は苦労を背負いやすく、収納スペースが乱雑な人は、自らの運をすり減らしているのです。

五行のつかさどる運気と象意

五行	運気	象意
木 	仕事運 発展運 勉強運	情報　言葉　音　向上心　AV機器　情報機器　木製の物　コットン　酸っぱい食べ物、飲み物　柑橘系の果物　若々しい行動　マスコミ　流行の洋服や小物　流行の音楽　スポーツ
火 	ビューティー運 ステイタス運 人気運	地位　ステイタス　直感力　芸術　美　別離　プラスチック　光る物　感性を生かした仕事　ファッションや美容業界　株式投資　ギャンブル　エビやカニ、貝料理
土 	結婚運 家庭運 不動産運	努力　安定　継続　伝統　貯蓄　転職　和風のインテリア　和風やアジアンテイストの雑貨　和食　煮物　陶器　ローヒールの靴　ストレッチ素材　お茶やお花の習いごと　ガーデニング
金 	金運 スポンサー運 事業運	楽しいこと全般　人からの援助　豊かな生活　飲食　悦楽　貴金属　刃物　丸い形状の物　甘いデザート　高級感漂う品のよいファッション　老舗ブランドのグッズ　ジュエリー
水 	恋愛運 交際運	信頼　交際　交流　秘密　男女の情　女性らしい行動　フェミニンなファッション　キャミソール　レース素材　網タイツ　日本酒　リップグロス　ストールやスカーフ　シフォン素材

Chapter 1

捨てることから始めましょう

古い物や使わない物には、運がつきません。
運のいい人になるには、それらの物を処分することから始めます。
「捨てにくい」という理由でしまってある物は、
正しい方法で処分してあげましょう。

不要な物や使わない物には「陰」の気がこもります

古い物からは旺気を得られない

自然界のすべての物には「気」が宿ります。

新しい物ほど「陽」の気が強く、旺気《おうき》（よい気）に満ちていますが、その反対に、古い物ほど「陰」の気が強くなります。

物には寿命があり、特に気に入っている物は別として、古くなった物からは、旺気を得ることができません。

また、使わずにしまってある物にも「陰」の気がこもります。使っていないということは、その物を活用していないということ。つまり〝命のない状態〟ですから、当然、「陰」の気がこもるのです。

着ていない服や使わない食器など、とりあえずしまってある物。こうした物も、あなたの運気を停滞させ

る原因となるのです。

気の代謝が悪い家は厄災に見舞われやすい

人はその空間の気を吸収していますから、運のいい人になるためには、旺気で満ちた空間で生活することが大切です。

使わない物、不要な物が家の中にあふれていると、気の代謝が落ちて、そのお宅には「陰」の気がこもります。こうしたお宅には「煞気《さっき》」がこもり、旺気は満ちません。

そればかりか、気の代謝が悪い家に住んでいると、病気になる可能性も。

人も、代謝が悪くなると病気になるのと同様、気の代謝が落ちたお宅は、さまざまな厄災に見舞われやすくなるのです。

使わない物をためると運の低下に…

不要な物の処分が幸運への近道

幸運な体質をつくるためには、いつか使うかもしれないという発想を捨てて、いまの自分に必要ない物、使わない物は処分しましょう。

使わない物は、いまの自分にとって必要のない物なのです。

それでも、なんとなく捨てにくいと感じる物があるはず。そこで次項からは、〝処分しにくい物の捨て方〟を紹介します。

まずは、自分にとって本当に必要な物と不要な物を区別するところから、風水の実践を始めてください。

古い洋服や下着を取っておくと出会いのチャンスが低下します

自分の運気を変えたいなら古い下着を捨てること

風水では、流行は「時の運」、すなわちチャンスをつかさどるとされます。

流行に左右され過ぎるのは問題ですが、ある程度、流行に敏感になることは、チャンスに強い人になるためには大切な行動。

また、風水では「布」は縁をつかさどる物。流行遅れの洋服を着たり、捨てられずにいるということは、恋愛や人間関係など、出会いのチャンスに恵まれない自分をつくることになるのです。

着なくなった服をいつまでもチェストにしまっておくと、「古い」「使わない」という「陰」の気が、チェストの中に収納してある他の衣服にもこもります。

特に女性は、「布」から生じる運を体内に吸収しや

すいという性質があるため、流行遅れの服や着なくなった服は、悪い縁を呼び込んでしまったり、縁に恵まれない体質をつくることにもつながります。

中でも、古い下着には注意が必要。下着は直接肌に触れる衣類ですので、他の衣服に比べて、運気にもたらす影響力が大きくなります。

縁に関してだけではなく、「いまの自分の運を変えたい」と思うなら、まずは古い下着を整理することから始めましょう。

下着の寿命は使い始めてから1年程度。新しい下着は、新しいチャンスをもたらしてくれるアイテムになります。

晴れた日に捨てると悪縁を浄化できる

どういった洋服を捨てるべきかについては、あきらかに流行遅れだと思う物、2年以上袖を通していない物、という基準で選んでみましょう。

洋服を捨てる場合でゴミの分別ルールが特にないときは、紙ゴミと一緒に捨ててもかまいませんが、生ゴミとは区別してください。自分が着ていた衣服に悪い臭いがつくと、恋愛運や人間関係運が低下します。

下着を捨てる場合は、いったん紙などに包んで、そのうえで所定のゴミ袋に入れて捨てましょう。下着には「水」の気があります。相性の悪い「火」の気をもつビニール袋に直接、下着が触れるのを避けるためです。

また、衣服や下着など「布」を捨てる日は、晴れた日を選んでください。「陽」の気の強い日に捨てることで、いままでの自分の悪縁も捨てることができます。

まずは身に着ける物を整理することから、運は生じます。できることから実践してみましょう。

別れた恋人の写真は新しい出会いを妨げます

写真はその瞬間の2人の気を記憶している

男女を問わず、かつての恋人との写真は、捨てにくい物のひとつではないでしょうか?

風水では、写真は〝その瞬間の気を記憶する物〟と捉えます。

自分の環境に、終わってしまった縁を記憶した写真がある場合、風水的には、その縁がまだ終わっていないと見なします。

ひとつの縁をきちんと切らない限り、本当の意味での次の縁はやってきません。

別れた恋人の写真を捨てずにもっていると、たとえ自分の気持ちのうえでは縁を終わらせていたとしても、次に現れる〝自分にとって本当に必要な人〟との出会いが妨げられるのです。

恋人が撮った自分の写真や、５人以上の集合写真で一緒に写っているなら、取っておいても問題はありませんが、２人で一緒に写っている写真や、恋人の写真は出会いのチャンスを妨げますので、処分することをおすすめします。

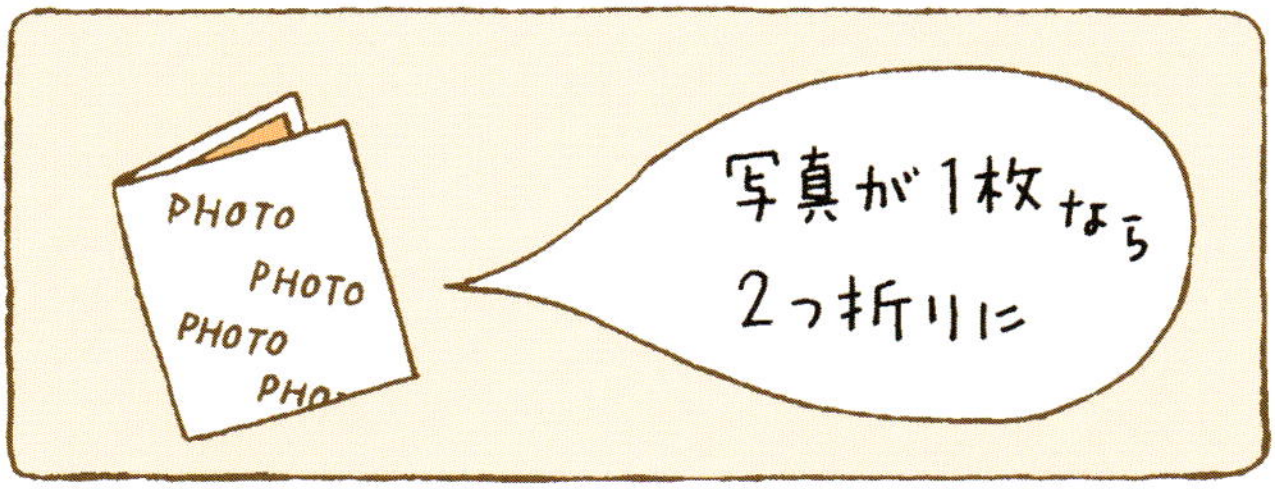

思い出の写真は白い布に包んで捨てる

思い出深い写真には「水」の気がこもっていますから、「木」の気をもつ白い布で包み、晴れた日の午前中に捨てましょう。晴れた日は「火」の気が強いため、過去の縁を清浄化してくれる作用があるのです。

また、思い入れの強い写真の場合、自分の家よりも高いところ、たとえば、小高い丘の公園にあるゴミ箱などに捨てると、写真から生じる悪縁をスムーズに切ることができます。

写真が１枚なら２つ折りに、複数枚あるなら、写真の写っている面同士を合わせるようにして、布、もしくは紙にくるんでから捨てましょう。

また、可能な人は、神社やお寺のお焚き上げに出して燃やしてもらうのも効果的です。その際には、正午に到着するよう出かけるのがポイントになります。

終わってしまった縁をきちんと切れない人に、本当の意味での新しい縁はやってきません。思い当たる写真がある人は、即実践を。

使わないアクセサリーは処分すると運を得られます

宝石をきちんと捨てると「金」の気が返ってくる

宝石は「金」の気をもつ物と考えます。「金」の気は、豊かさや楽しみごとをつかさどりますので、使わないアクセサリーや貴金属が多くあると、豊かさや楽しみごとが生じにくい体質をつくることになります。

ジュエリーに関しては「捨てる」というよりも、「運を得る」という感覚で処分しましょう。

特に石のついた物は、きちんとした捨て方をすることで、自分自身に「金」の気、すなわち金運に象徴される豊かさや楽しみごとが返ってくるのです。

ジュエリーは水辺に捨てるのが基本

ジュエリーを捨てるときの基本は「水辺に捨てること。時間帯は、午後2～5時くらいまでがベストです。

ただし、嫌いな人からもらった物や、イヤな思い出がある物は、午前中に捨てましょう。

また、自分にとっての吉方位へ旅行に行ったとき、きれいな川や湖に流すと、「金」の気が増え、豊かさを得ることができるので、おすすめです。

縁を切りたい人からもらったジュエリーは、川や湖などには流さず、海に流しましょう。

宝石のついた物を捨てる場合、9日前、もしくは3日前から寝るときに枕元に置き、気を合わせると、ジュエリーを捨てることで得る運気が増幅します。

叶えたい願いのある人は、寝る前に、その願いごとを思い描いてみましょう。

その場合、一度、ジュエリーを水で洗い、晴れた日の午前中から正午まで太陽を浴びさせると、より効果的です。

以上のような方法で、もう使わないと思うジュエリーから豊かさを得ることができます。もったいないと思わずに、処分してみてはいかがでしょうか?

風水の時間的な意味は?

風水では、時間にも運があると考えます。午前中は「木」の時間といわれ、運気が生まれる時間と考えます。

午前中の活動は、新しい運気を生み出すことにつながるのです。

お昼は「火」の時間となり、活力を与えます。夜は「水」の気をもち、悪い気を流してくれる時間となります。

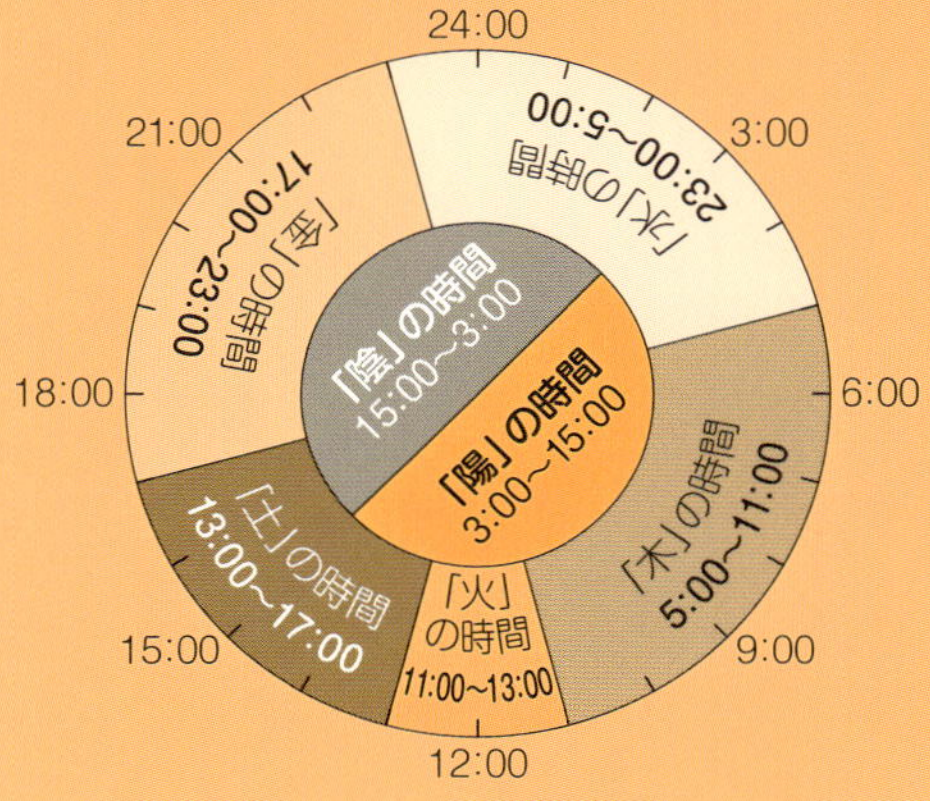

プレゼントは贈り主の気を運びます。運が悪い方からの物は処分しましょう

運がよい人の贈り物は強力な運をもたらす

プレゼントは、贈り主の運気を媒介します。運のいい人からいただいた物は、自分自身に強力な運をもたらすアイテムとなります。

しかし、あきらかに運が悪いと思われる人や、嫌いな人からの贈り物は、その贈り主の運や気を吸収しているため、運のいいアイテムにはならないのです。

特に、財布は金運を覚える性質があるため、金運のいい人から財布をいただくと、その贈り主の金運を財布が記憶して「金運のいい財布」となります。

一方、自分よりも金運のよくない人を経由した財布は、たとえその人にお金を払って買ってきてもらったとしても、財布がその人の金運を覚えてしまいます。

当然ながら、あなたの金運をマイナスへと導く財布

になってしまうのです。

運の悪い人からの贈り物は処分したほうがいい

運の悪い人からいただいた物は、どんなに高価な物でも、処分することをおすすめします。

嫌いな人からのプレゼントの場合、その贈り主を直接知らない人になら、差し上げても問題はありません。その人を知らない人であれば、気が媒介されることはないからです。

運の悪い人や嫌いな人からのプレゼントを処分する場合、ジュエリーなど貴金属ならば環境に配慮したうえで天然石のみ海に流すか、午前中に捨てる、陶器など割れ物の場合は必ず少しだけ割って捨てる、紙などであれば、一部を破ってから捨てるなどを心がけてください。

いずれの場合も、暖かい日、晴れた日に捨てるとよいでしょう。

どうしても自分の手元に置きたい場合は品物を太陽に当て、お線香やお香の煙に当ててみましょう。お香は甘い香りよりも、さわやかな香りがおすすめです。

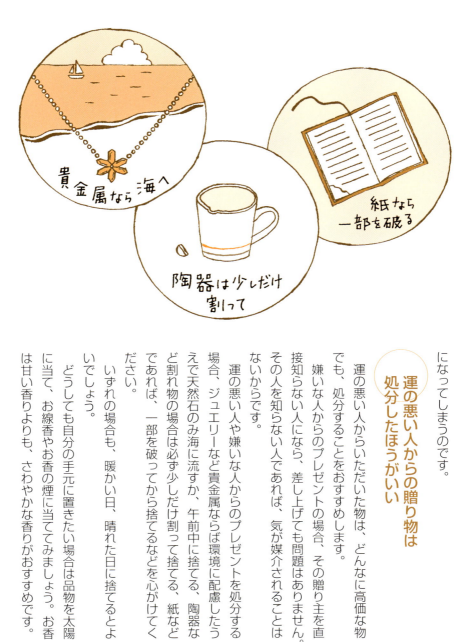

手紙や年賀状を取っておくと若さや仕事運に影響が出ます

よい内容の手紙だけを明るい窓辺に保管

手紙や年賀状なども、捨てにくい物のひとつだと思われます。

風水では、紙は「木」の気に属するため、古い紙をため込むと、「木」のもつ若さや発展運、仕事運に悪影響が出ると考えます。

特に、手紙は送り主の気も影響しますので、自分が好きではない方からの手紙や、内容的にあまりよくない手紙などは、処分してしまったほうが無難です。

手紙を捨てる場合、内容的に問題のない物であれば、普通に捨ててしまってもかまいませんが、あまりよくない内容の場合には、手紙を白い紙にくるんでから捨ててください。午前中がベストです。

その反対に、とてもうれしい内容や、大好きな人からの手紙は、ラタンなど通気性のよい素材の収納箱に入れて、日当たりのよい窓のそばにしまっておきましょう。

年賀状は取っておかず春分前に処分する

年賀状は、あまり長い間取っておくと、いま現在の年の運気を吸収しにくくします。年賀状は、その年の春分前に処分しましょう。

年賀状を処分する日には、赤い花を家の玄関かリビングに飾ると、その年の人間関係が良好になり、また、新しい出会いに恵まれやすくなります。

手紙はよい内容の物だけを保存し、年賀状はあまり長期間取っておかないよう心がけましょう。

パソコンの中の不要なデータも処分を

不要な物がたまりやすいのがパソコンです。不要なメールをためてしまうと、人間関係や恋愛運に悪影響が生じます。使わないデータは削除して、パソコンの運気をとどこおらせないよう注意しましょう。

必要のない用件、特に嫌いな人からのメールや、イヤな用件は即刻削除を。その反対に、好きな人からのメールや楽しい用件は取っておいて◎。その人と関係がつながったり、楽しいことに恵まれたりします。

また、使わないデータをいつまでも取っておくと、行動力が鈍り、チャンスに弱い人になってしまう可能性が。パソコンの中は、自分の使い勝手を考えて、常にすっきりとした状態を保ちましょう。

ちなみに、パソコンの壁紙は、マメに変えたほうがチャンスに強い人になれます。

年賀状を処分する日は
玄関かリビングに
赤い花を飾って

職場の紙ゴミに注意！

書類や雑誌など、たまりやすい紙ゴミ。

しかし、こうした「木」の気に属する物は、若さや仕事運の低下につながります。特に職場では注意が必要です。

机の上に書類が山積みになっていたり、引き出しにはいつのものか不明な書類があり、さらに捨てられない書類やファイルが足元の段ボールに入っていたり……。

こんな人は、チャンスを逃しやすく、仕事運が訪れません。終わった仕事の書類は、キチンと処分し、机まわりは整頓を心がけましょう。

書類などは、きちんと立てて収納すること。寝かせて積んでおくと、下になった物から運気がつぶれていきます。

ビジネスチャンスは整頓された机から生まれます。不要な紙ゴミは即刻処分しましょう。

人形やぬいぐるみは〝家の住人〟として運気を吸収します

気に入った物だけを2〜3体飾るように

風水では、人形やぬいぐるみは、その家の住人と見なされ、気を分け合う存在と考えます。

たとえば4人家族の場合、通常は空間に入りくる旺《おう》気《き》を4人で分け合うことになりますが、そこに人形が1体あると、家の住人は5人と見なされ、旺気は5人に等分されることになります。

これは、大小を問わず、人型、動物型の物すべてに当てはまります。つまり、人形やぬいぐるみが多くある家は、自分や家族の吸収する運気が目減りしてしまうのです。

人形やぬいぐるみは、自分の気に入った物だけを2〜3体くらい置く程度にとどめましょう。特に、気の入口である玄関に置くのは避けたほうが無難です。

ただし、人型や動物型をしていても、人形以外の何らかの役割をもっている物、たとえば、ティッシュカバーになっていたり、チャイムになっていたりする物に関しては、気を分け合う存在とは見なしません。

捨てるときには顔が汚れないように注意

では、人形を捨てるときは、どうすればよいのでしょうか?

まず、顔が汚れないように布や和紙など、通気性のよい物でくるんであげます。

全体をくるんであげてもよいのですが、このときのポイントは、顔に

汚れがつかないようにすることです。

　人形を捨てるときに顔を汚してしまうと、持ち主の容姿に影響が出るといわれています。

　ビニール素材や化学繊維などで包むのは、おすすめしません。また、長い髪の人形を処分する場合は、髪を結んであげましょう。

　捨てるときには、紙袋などに入れ、他のゴミとは分けてください。晴れた日を選んで、家の外にゴミとして出すように心がけましょう。

人形は低い位置に飾らないように

　どうしても捨てられない人形がたくさんある場合は、ラタンなど通気性のよい収納箱に入れておき、季節や自分の気分で飾る人形を変えてみましょう。

「飾る」ことで気が発生しますので、収納しておくのは問題ありません。ただし、プラスチック素材などの収納箱に入れておくと、悪い気がこもりやすくなりますから、注意してください。

　また、人形やぬいぐるみを飾るときは、低い位置に飾るのは避けるようにしましょう。低い位置には家庭運をもつ「土の気」があります。人形やぬいぐるみをそこに置くことによって、家族としての位置づけが強まり、より気を吸収するようになってしまうのです。

　人形は、自分のお気に入りだけを、きちんと飾ってあげるよう心がけてください。

故人の形見や遺品は思い出深い物だけを残します

悲しみを乗り越えるためにもできる範囲で処分を

形見や遺品は、故人を偲ぶ物。処分するのはとても心苦しいものです。

ただ、大変申し訳ない言い方になりますが、風水における陰陽の世界観では、亡くなった方の所有物は、「生きている物」ではないため、「陰」の気をもつ物といわざるを得ないのです。風水では、生きている方のお宅を「陽宅」、亡くなった方のお宅、すなわちお墓を「陰宅」と呼びます。

残された方は、悲しみを乗り越えて幸せに「生きて」いかなくてはなりません。そのためにも、自分の空間から「陰」の気をもつ物を、できる限り取り除いていかなくてはならないのです。

亡くなった方の形見や遺品は、自分や故人にとって本当に思い出深い物だけを残し、できる範囲で処分していくように気持ちを切り替えましょう。

形見や遺品はいつ処分するといい?

形見や遺品を処分するのに最適な日は、7のつく日、もしくは14日か31日になります。ただし、その日が雨やどんよりした曇りの日なら、その日に処分するのは避けてください。

処分した後は、家やリビングの中心から北西の方向で、お線香や白檀、柑橘系の香りのお香を焚き、家の中に風を通しましょう。

衣類や貴金属は午前中の日に当ててから

また、故人の衣服や貴金属などを使用する場合、それが身内の方であっても、一度、午前中から正午までの太陽に当ててから使用するよう心がけてください。

故人を偲ぶ物は、すべてを取っておくのではなく、思い出深い物を少数もつことで、自分やご家族の守りになります。悲しみを乗り越えて、少しずつ、できる範囲で処分してみてください。

遺影を掛けるときはフレームを替えて

遺影は、悲しみの席での運気をそのまま記憶しています。

遺影を飾ることは故人を偲ぶうえで大変重要ですが、お葬式で使ったフレームをそのまま部屋に掛けるのは、おすすめしません。フレームを替えてから掛けましょう。

フレームを替えることで遺影に新しい気がこもり、それがご家族を見守る力となります。フレームは木製の物で、特にナチュラルカラーがおすすめです。ナチュラルカラーの木は、お葬式の場の「陰」の気を消し去ってくれる力があるためです。

では、古いフレームは、どのように処分したらよいのでしょうか？

お葬式の場で使ったフレームは、その方の月命日に、布に包んで処分しましょう。

亡くなった日にちには、家の中にその方の気がこもります。その日にフレームを替えて気を新しくすることによって、悲しみごとの「陰」が消え、新しい気が家の中に生じるようになるのです。

その方が亡くなられた後も家族の一員として一緒に過ごせるように、遺影のフレームはきちんと取り替えましょう。

お守りなど神仏に関する物はいただいてから1年でお返しを

神社の物は神社に お寺の物はお寺に

お守りやお札などをどう処分するか、困る方もとても多いと思います。

風水的に見ると、お守りやお札など、神社やお寺からいただいた物の寿命は、いただいた日から1年間と考えます。1年を過ぎた物をたくさん取っておくと、新しいお守りやお札をいただいてきても運気を得られないだけでなく、空間や運気に悪影響を及ぼす可能性がありますから注意が必要です。

神仏関係の物はゴミ箱に捨てるなど、普通に処分するのは厳禁。可能であれば、いただいた神社やお寺にお返しするのがベストです。その場所に出かけられない場合は、家の近所や他の場所でもかまいませんので、神社の物は神社に、お寺の物はお寺に、きちんとお返しするよう心がけましょう。これは、持ち帰ったおみくじなども同様です。

男性は奇数日に 女性なら偶数日にお返しする

お返しする日は、基本的にはいつでもかまいません。もし、こだわるのであれば、男性は奇数日に、女性は偶数日にお返しすると、新しい運気を得ることができます。

仕事運や恋愛運を願っていただいた物は午前中に、健康運や家庭運、結婚運を願っていただいた物ならば午後一時過ぎにお返しに行くと、より効果的です。

どちらの場合でも、午後4時を過ぎてからは、お返しするのは避けてください。

お守りを家の中に置いておく場合、寝室の西側〜北側の引き出しなどに、きちんとまとめましょう。

破魔矢などは、矢の先が部屋の入口や人を刺さないように配置してください。

神社仏閣からいただいた物は、あなたの運気を大きくサポートしてくれるアイテムです。きちんとしたお祀りの仕方を心がけましょう。

ご朱印帳の整理について

ご朱印は、本来処分するものではなく、ご自身がきちんと保管しておくべきものです。安易な気持ちでご朱印集めをする人も多いようですが、まずはここから気持ちを変えていく必要があります。

ただ、どうしても処分したい、故人が集めていたものが見つかったなど、処分しなくてはならない場合は、神社やお寺に事情をお話しして、玉串料やお布施をお支払いしたうえで、お焚き上げをお願いするのがベストです。

また、故人のご朱印帳は、本人が亡くなったとき棺に一緒に入れるのが通常のようです。こちらの方法は風水的におすすめするわけではありませんが、ご参考までに。

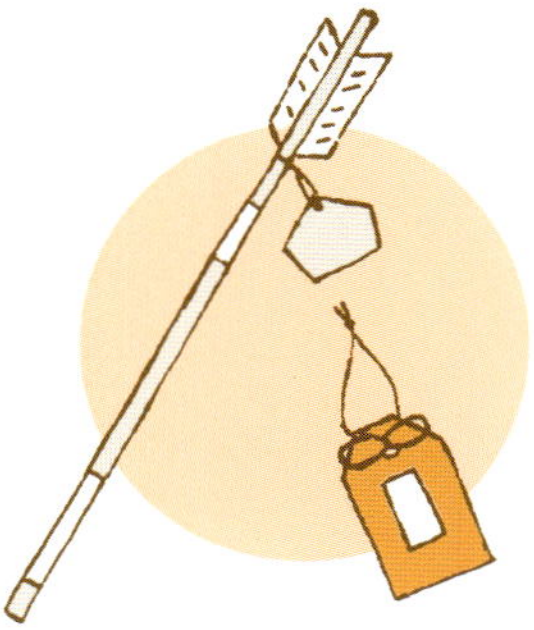

神社の物は神社に
お寺の物はお寺に
お返しする

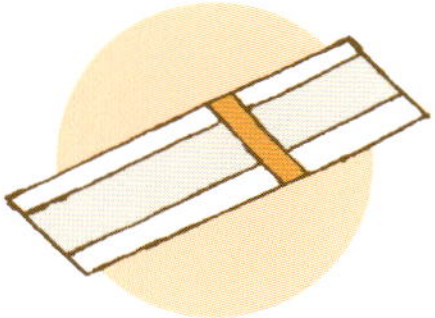

先のとがった物は置き場所に注意

破魔矢など先のとがった物は、飾る位置に注意しましょう。

部屋の入口に向かって飾ると、矢の先が部屋に入る人を刺すため、その人の運気や健康に悪影響を及ぼします。

破魔矢だけでなく先のとがったものは、入り口に向かわないように配置するよう心がけてください。

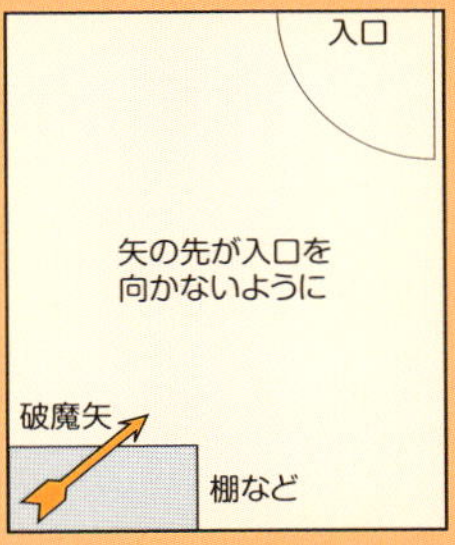

引き出物をしまい込むと運気を下げるアイテムになります

結婚式の引き出物からは幸運の気を吸収できる

引き出物も、いただいて使用しないまま、収納スペースにしまい込まれている場合が多いのではないでしょうか。

結婚式などお祝いごとの席でいただいた物は、ぜひ使用しましょう。その席からもたらされる幸運の気を吸収できるからです。ただ、どうしても自分の趣味に合わない物の場合、無理して使用せずに、ごく普通に処分してもかまいません。

なんとなく処分しては悪いような気がしてしまうとは思いますが、使用せずに取っておくと、自分の運を下げるアイテムとなってしまいます。

また、残念ながら、そのカップルが離婚してしまった場合、たとえ気に入った物でも処分したほうが無難だといえます。

悲しみの席の物は使う前に処置を

お葬式など悲しみの席でいただいた物は、できれば処分することをおすすめします。

特に、タオルやハンカチなど、布には「陰」の気がこもります。お使いになるのであれば、布なら糸を一本抜いてその糸を燃やす、お茶やお菓子など食べ物の場合、ひとかけを自宅以外の場所のゴミ箱に捨てる、などを心がけてください。

ただし、天寿をまっとうされた方の場合は、その範《はん》疇《ちゅう》ではありません。

もったいないから……としまっておくことで、運を落とす物も存在します。もう一度、自分の持ち物をチェックしてみましょう。

使わない食器をため込むと健康運や行動力がダウンします

自分用の食器は少しだけ割って

食器棚に使わない器をたくさん収納しておくと、自分自身に重荷を背負うことにもなりかねません。健康運に影響が出ますので、注意してください。

食事は命の源です。食事をするための器は、自分の気に入った物を使うことが大切。もったいないからという理由で、好きでもなく、使いもしない食器を取っておくと、健康運だけでなく、行動力や、やる気もダウンします。

不要な食器を処分する場合は、少しだけ割って捨てるようにしましょう。このようにすると、悪運をためない体質をつくることができます。

特に、お茶碗やマグカップなど、自分用として長く使用していた食器は、少し割ってから処分するよう心がけましょう。

あまり思い入れのない食器は、そのまま処分しても問題ありません。

自分に「必要な物」と「不要な物」をしっかりと見極めることが、風水の基本となります。使わない器は処分しましょう

Column

物を捨てると人間関係にもよい影響が出る？

「物を捨てられない人」は、「人間関係がとどこおりやすい人」だと風水では考えます。

人間関係など縁の気は、「風」から生じるとされています。不要な物が多い家には「風」が流れず、結果、縁が生じない家となってしまうのです。

人間関係にとどこおりを感じているのであれば、自分の身のまわりの物を見回して、いらない物を処分してみることが大切です。

特に、衣類をチェックしてみましょう。風水では、布は縁を運んでくると考えますが、古い洋服や着ない洋服が多いと、縁に「陰」の気がこもり、「風」を止めてしまうことに。

２年間、袖を通していない洋服は、基本的にはいらない物。もったいないからと取っておくことで、運を下降させてしまいます。

できる範囲でかまいませんので、なるべく早く処分してしまいましょう。

Chapter 2

運をためる
衣類の収納

風水では、縁は「布」によって運ばれると考えます。
人との出会いはすべて縁。よい出会いが、あなたを幸運に導いてくれます。
ラッキーなめぐり合わせでチャンスをつかめるよう、
衣類の正しい収納を心がけましょう。

クローゼットやチェストはあなたの「運の貯金箱」!

雑然とした収納スペースは運気をためられない

押入れやクローゼット、チェストなどの収納スペースを、風水では「運の貯金箱」と考えます。収納場所には、物と一緒に、運もため込まれるのです。

収納スペースの扉を開けてみましょう。きちんと整理されていますか?

収納スペースが雑然としていたり、どこに何が入っているのかわからない状態では、運をため込むことはできません。

また、ずっと使わない物ばかりを収納していると、「陰」の気がため込まれて、運のない空間をつくることに。

反対に、収納スペースに何も入っていないなど、空間を活用していないような状態は、「ためる」物がないため、金運、特に貯蓄運のない家となってしまいます。

収納スペースには、必要な物をきちんとわかりやすく収めることが、〝運をためられる家〟をつくることになります。

収納スペースの湿気は物の運気も奪う

収納してある物をときどき入れ替えたり、整理してみると、気の流れに変化が生じ、運気的にもよい変化がもたらされます。

収納スペースを運のいい空間にするために特に注意すべきは、空間にこもる湿気です。

収納スペースに湿気がこもると、悪い意味での「水」の気がまわり、空間の運だけではなく、収納されている物の運気も奪うことに。湿気を取るためのグッズを活用したり、空間に風を通すなどして、湿気がこもらないよう工夫してみましょう。

また、収納スペースには、炭やトルマリンなど、マイナスイオンを発する物や、重曹など浄化作用のある物を一緒に入れておきましょう。空間に清浄な空気がまわり、よい運をため込むことができます。

風水収納のPoint

1 必要な物をわかりやすく収納する

雑然とした収納スペースでは、運気はためられません。不要な物をため込むのも風水的にはマイナスです。

2 物を入れ替えたり、整理してみる

ときどき収納スペースを見直してみましょう。入れ替えたり、しまっておいたけれど不要になった物を処分するなどして、収納スペースに気をめぐらせます。

3 湿気は絶対にためないこと

湿気は収納スペースの大敵。空間や物の運気が損なわれます。除湿剤を利用するなどして、しっかりと対策を。

衣類は正しく収納して幸運体質になりましょう

下着はチェストの真ん中より少し上の段に

衣類は、収納の仕方で運気が大きく左右されるアイテムです。運のいい収納を心がけましょう。

中でも、もっとも注意すべきは下着です。

下着はいちばん内側にまとう布ですので、運気に及ぼす影響が大きいのです。

風水では、陰陽のバランスは、陰4に対して陽6がベストとされています。地面に近づくほど「陰」の気が強くなり、上にいくほど「陽」の気が強くなります。つまり、チェストを例にとると、陰陽のバランスがいちばんよい場所は、チェストの真ん中より少し上の段となります。

そこに下着を収納することで、下着のもつ運気が強くなるのです。

くれぐれも、下着をチェストのいちばん下の段に収納するのは避けましょう。大地に近い場所は「陰」の気をもっています。下着の収納には向きません。

季節のアイテムは分けて収納する

夏物と冬物、薄手の物と厚手の物を一緒の段に収納するのも、あまりおすすめしていません。

季節を混ぜてしまうことで、区切りのない時を過ごすことになってしまうためです。

冬物や厚手の物など、寒い季節に着る物は「陽」の気が強いので、チェストの下段にしまいます。

夏物や薄手の物などは、上のほうに収納するよう心がけましょう。

また、色の濃い物は下段、色の薄い物は上段に収納すると、陰陽のバランスがとりやすくなります。

チェストはこれで運気アップ!

夏物や色の薄い物は上の段に収納する
下着は真ん中よりやや上の段に
色の濃い物は下段にしまう
冬物は下の段にしまう

女性の使っていたチェストは男性に譲らないこと

女性の使っていたチェストを男性に譲るのは避けましょう。

女性は「水」の気をもつ存在。一方、男性は「火」の気をもつ存在です。

女性の使っていたチェストには「水」の気がこもっているため、そこに衣類を収納すると、その衣服が「水」の気を吸収してしまいます。「水」の気を含んだ衣類を身に着けることで、男性の「火」が消耗してしまい、運気に悪い影響を与えてしまうことに。

どうしても使わなければならない場合は、引き出しや扉を開けて、3日間、日当たりのよい場所に置いてから、衣服を収納するようにしましょう。

また、男性と女性が一緒にチェストを使っている場合、男性が上段、女性が下段になるよう収納を。

男性の引き出しには、ペパーミントやユーカリなど清浄な香りを、女性の引き出しにはローズ系やフルーツなどの香りを一緒に入れて、香りで区別するのも有効です。

こんなクローゼットは運気ダウン!

クリーニングから戻ったまま、ビニールの袋をかぶせて収納している
プラスチックの収納ケースに、そのまま衣類を入れている
靴と衣類を一緒に収納している
バッグが床に置いてある

クローゼットは左側に重い物を

クローゼットに衣類をしまう場合、まず、衣類を靴と一緒に収納するのは、絶対に避けてください。

女性の衣類は「水」の気をもちますが、「水」の気はまわりの気を吸収しやすく、環境の気に染まりやすいという特徴があります。

外を歩いた靴にはいろいろな運がついていますから、これを衣類と一緒に収納すると、汚れた気を布地が吸収してしまいます。

衣類は縁を運びます。汚れた気を吸った衣類を身に着けると、その人にも汚れた縁がまとわりつくことになります。

クローゼットの中は、向かって左側にコートなど厚手の物やダークカラーの物を、右側に薄手の物やライトカラーの物を収納してください。

また、クリーニングから戻ってきた衣類を収納する際、ビニール袋をかぶせたましまうと、ビニール素材のもつ「火」の気が、衣類の運気

クローゼットのポールに洋服を掛けるとき

左側にはコートなどの重い物、長い物を掛ける
右には明るい色、軽い物を掛ける。暗い色から明るい色へ、トーンを考えて収納すると気が流れやすくなる
プラスチックの収納ケースは布を敷くなどして衣類が直接触れないように

を燃やしてしまいます。ビニールは取ってからしまうようにしましょう。

プラスチックの収納ケースは布を敷いて

収納棚や収納ケースを利用する場合は、できるだけプラスチック製品は避けましょう。

プラスチックのもつ、悪い意味での「火」の気が、収納場所や収納してある物の運気を燃やしてしまうためです。

収納グッズにおすすめの素材は、木製の物、ラタンなど通気性のよいカゴ、クラフト（紙）などです。

どうしてもプラスチック製の収納グッズを使う場合は、内側に布を貼ったり、あるいは敷くなどして、収納してある物に直接プラスチック素材が触れないよう工夫してください。

女性は、身に着ける物から気を吸収しやすいとされます。衣類を常によい状態に保ち、運気向上を図りましょう。

運がよくなる!

衣類のたたみ方&しまい方

衣類は気を吸収しやすいアイテム。ここでは“気を逃さない”衣類のたたみ方を紹介します。運気をたっぷりためた衣類を身に着け、運に強い人になりましょう。

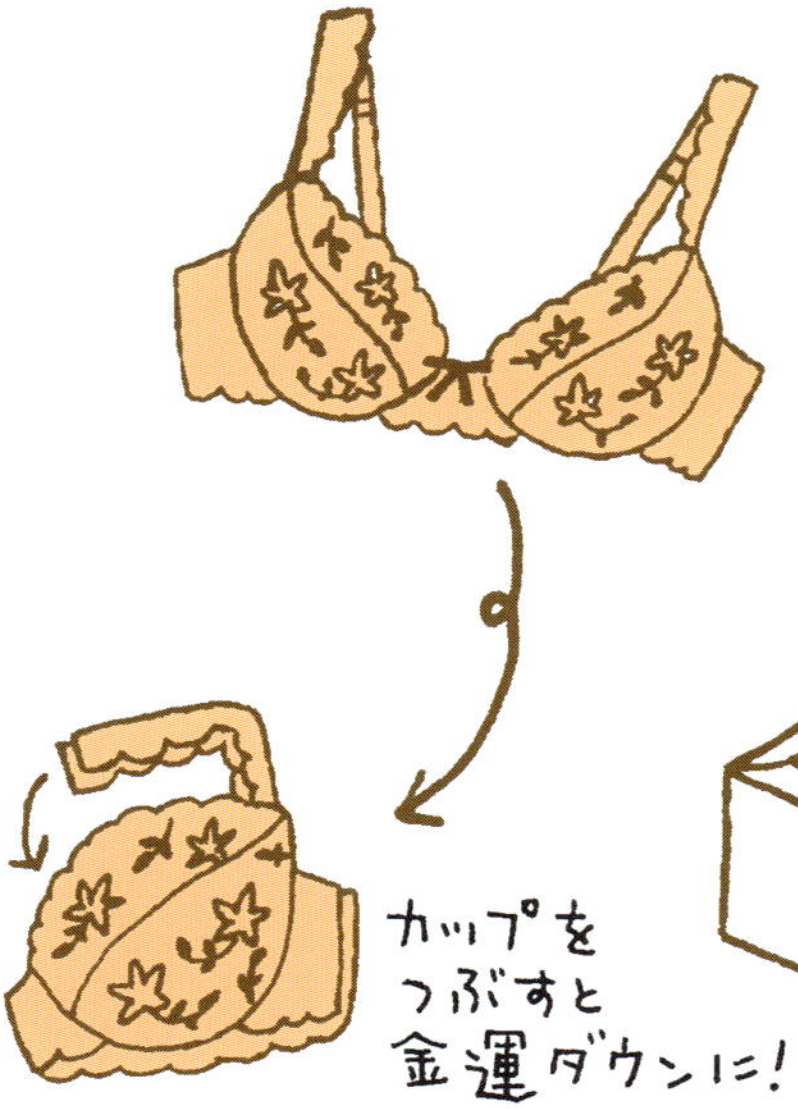

ブラジャーのカップは金運の象徴。つぶさないで!

ブラジャーのカップは豊かな金運の象徴。つぶさないように、2つに折って重ねます。引き出しにしまうときは、モカなど色の濃い物を手前にして、奥には色の淡い物を。色のグラデーションで収納します。

ショーツは色の淡い物を手前にして収納

ショーツは色の淡い物を手前にして、濃い物を奥にしまいます。

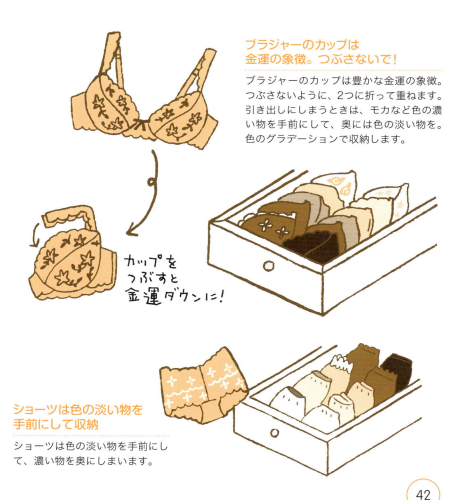

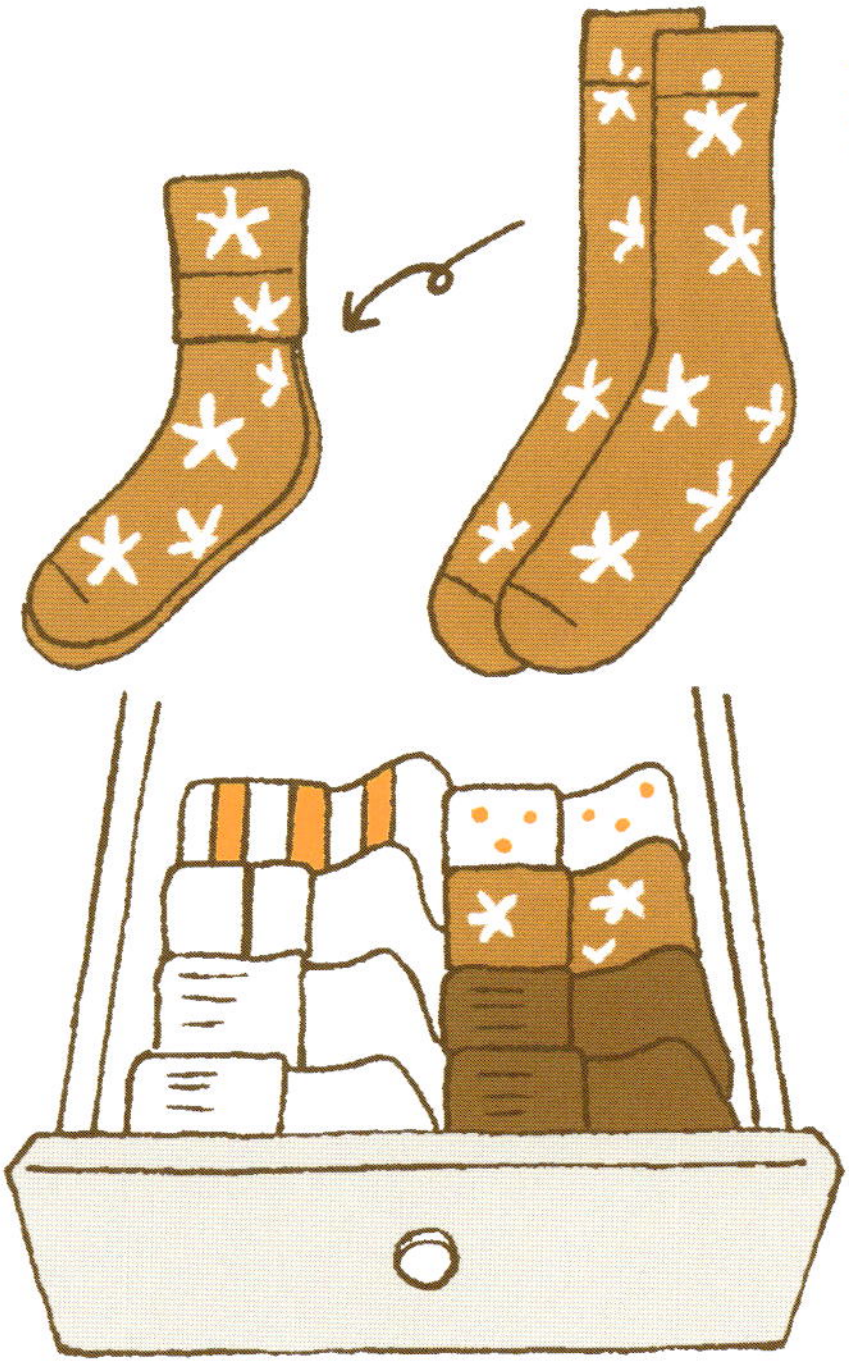

人間関係を表す靴下は左右をセットにして

靴下やストッキングは、人間関係を表します。靴下をしまうときは、必ず左右をセットにしてください。バラバラにしまうと、人間関係に影響が出るばかりか、周囲からよくないウワサをたてられる原因になってしまいます。

また、古い靴下を奥のほうに収納するのはNG。これは行動力ダウンの元となります。古くなった靴下をいつまでも取っておくと運気ダウンにつながりますから、注意しましょう。

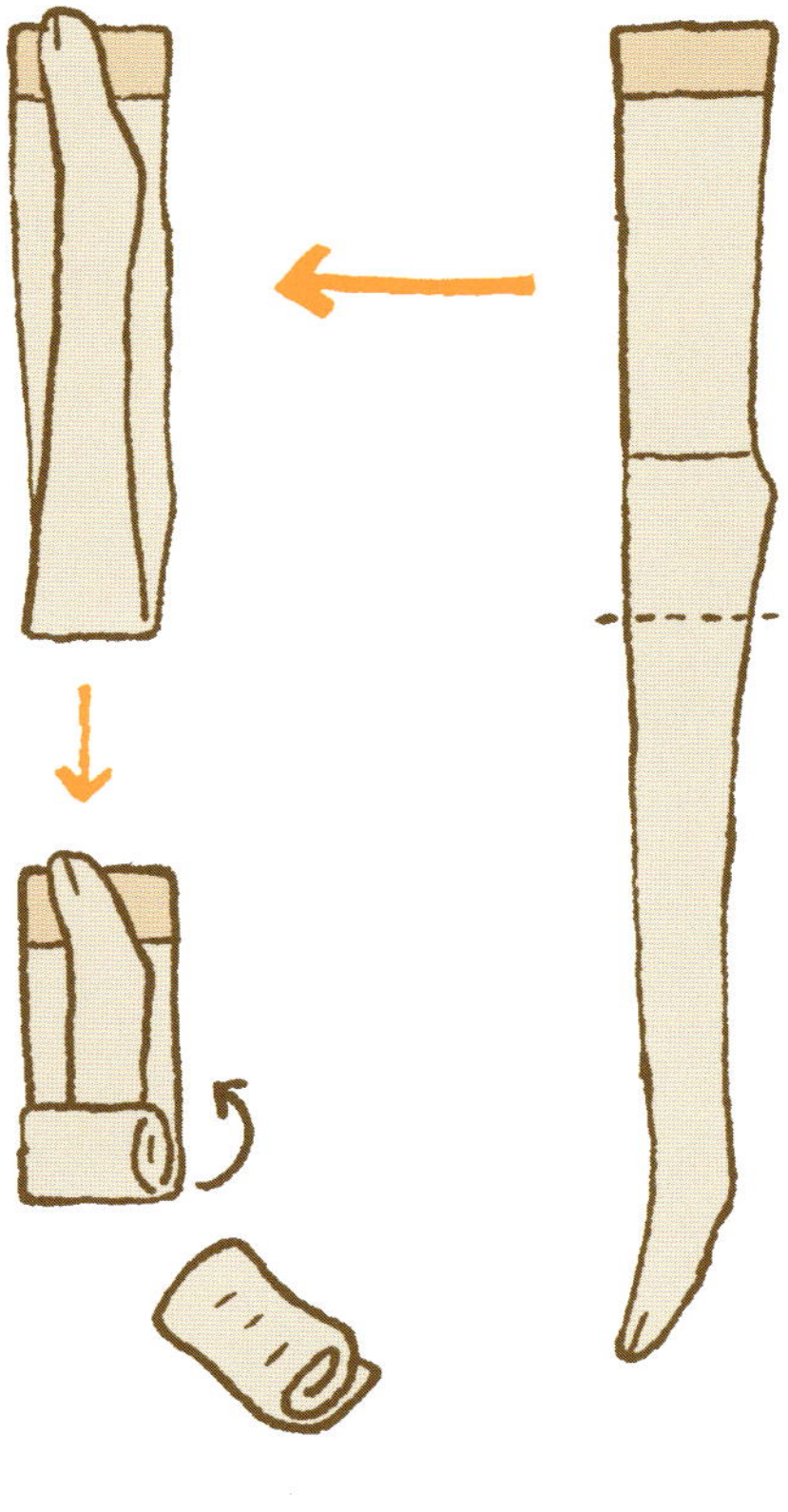

ストッキングはくるくると内側に丸める

ストッキングの場合は、丸めてから収納を。2つ折りにした後に、くるくると内側に巻き込むようにたたみましょう。ストッキングは寿命がとても短いものです。くたびれてしまったり古くなった物は、すぐに処分しましょう。特に、伝染したストッキングをいつまでもタンスの中に入れておくと、人間関係や恋愛運など、縁に関する運気がダウンしてしまいます。

シンプルな物は手前側に、デザイン性の強い物やタイツなど厚手の物は奥のほうに収納すると、運気のバランスが保たれます。

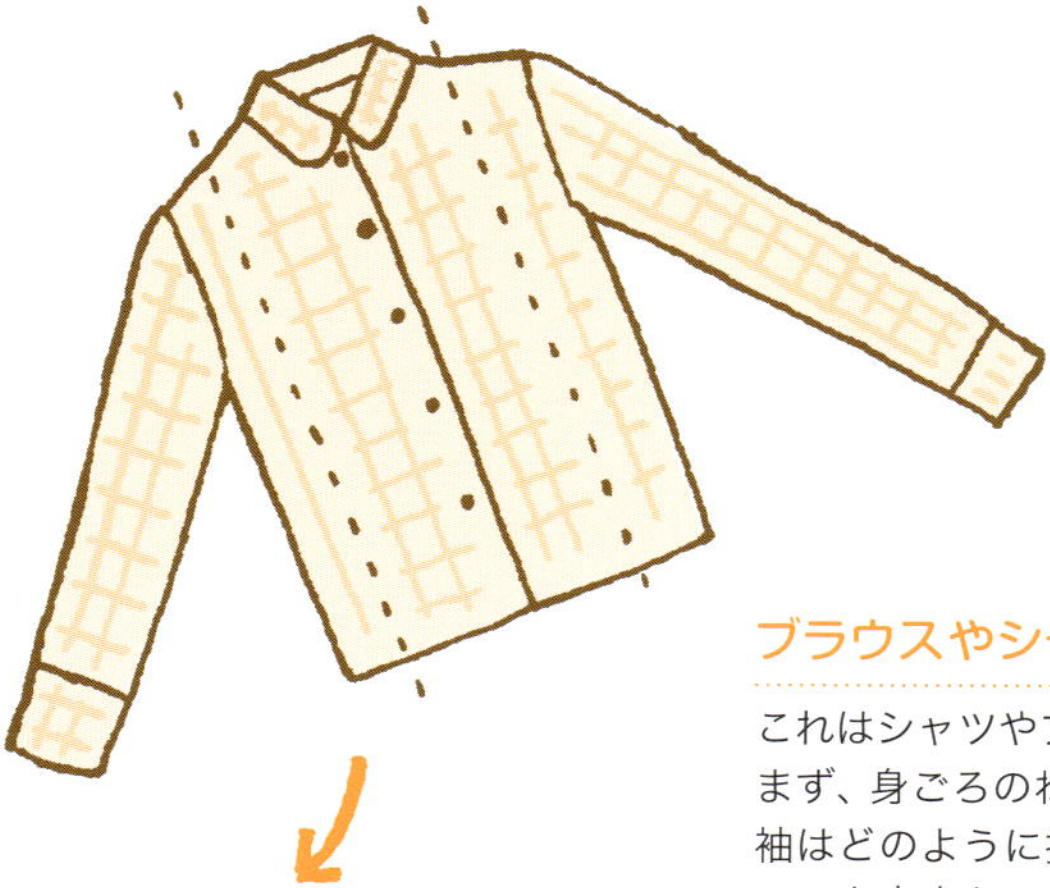

ブラウスやシャツは首の部分を表に出す

これはシャツやブラウスなどに共通のたたみ方です。まず、身ごろのわきのほうを少し折ってたたみます。袖はどのように折ってもかまいません。さらに、身ごろを中央から半分くらいにたたみます。布地を袋状にすることで運気が分散せず、衣服に運気を吸収させることができます。

このまま重ねて収納してもかまいませんが、2つ折りにした状態で裾から丸めて収納するのも、運気をためるには効果的です。

丸めて収納するときは、前身ごろを内側にして巻かないこと。首の部分を出してあげないと、布のもつ気が詰まってしまいます。

海外旅行に行くとき、ブラウスやセーターは丸めて収納が便利。可愛らしいリボンをかければ、縁の運気アップ！　旅先でよい出会いに恵まれます。

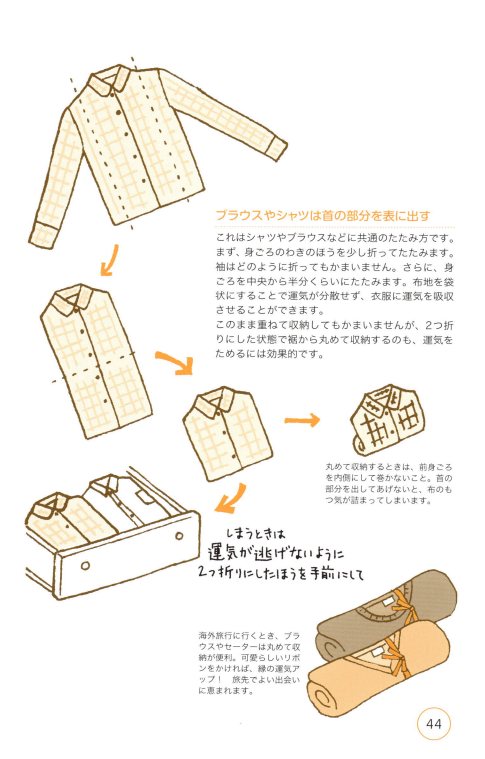

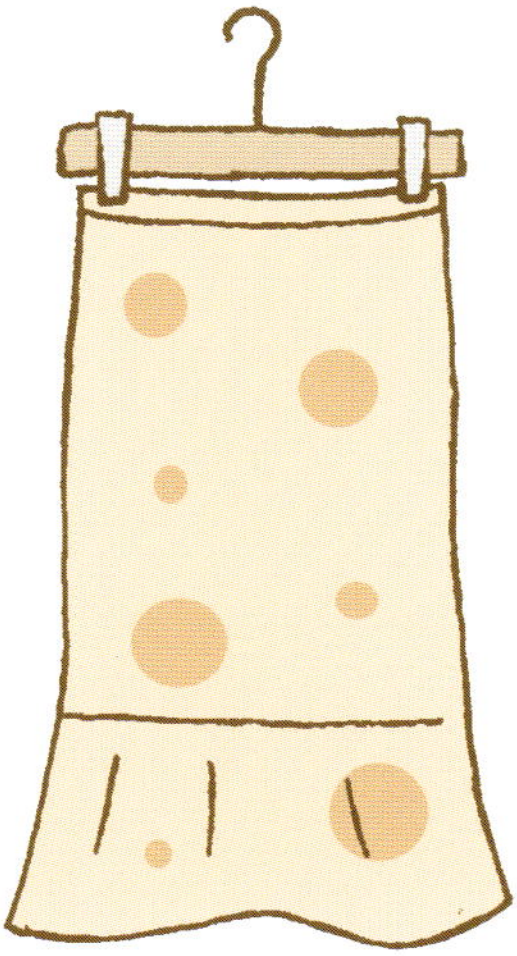

スカートは気を分散させないように

2箇所を止めるハンガーなら、そのままでもかまいません。1箇所をはさむタイプであれば、2つに折るのではなく、両端を真ん中まで折って掛けましょう。これで気の分散を防げます。

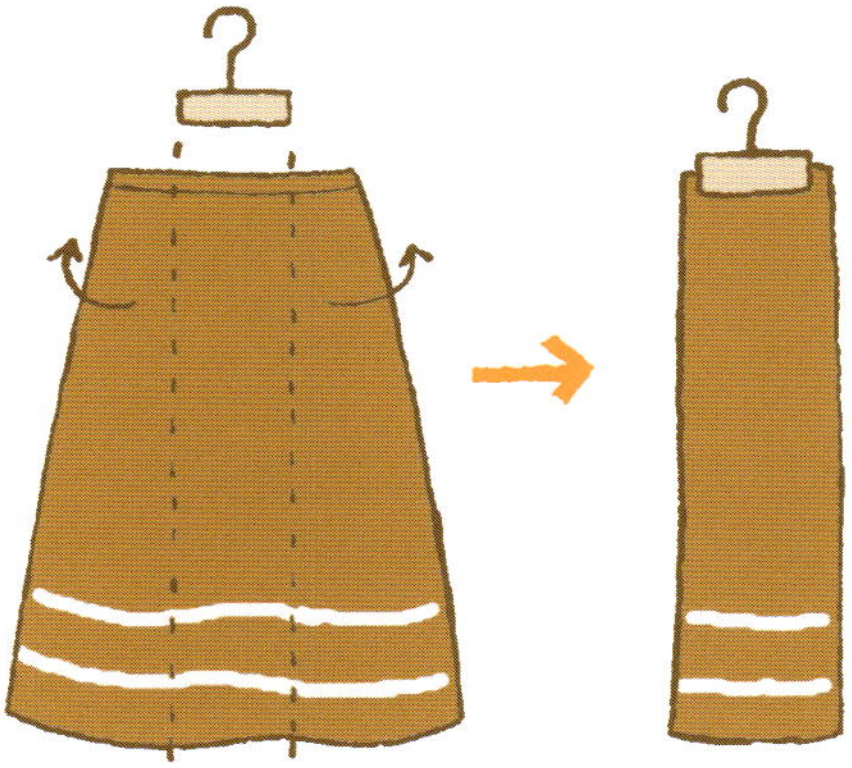

貯蓄運が上昇するパンツの収納法

パンツは裾をそろえ、真ん中から2つに折ります。さらに2つ折り（長いようなら4つ折りでもOK）にしましょう。パンツは、腰の部分と裾が必ずタンスの奥に向くように収納してください。これで、貯蓄運が上昇し、女性ならムダ遣いを減らせます。男性の場合は仕事運や行動力のアップにつながりますので、お試しを。

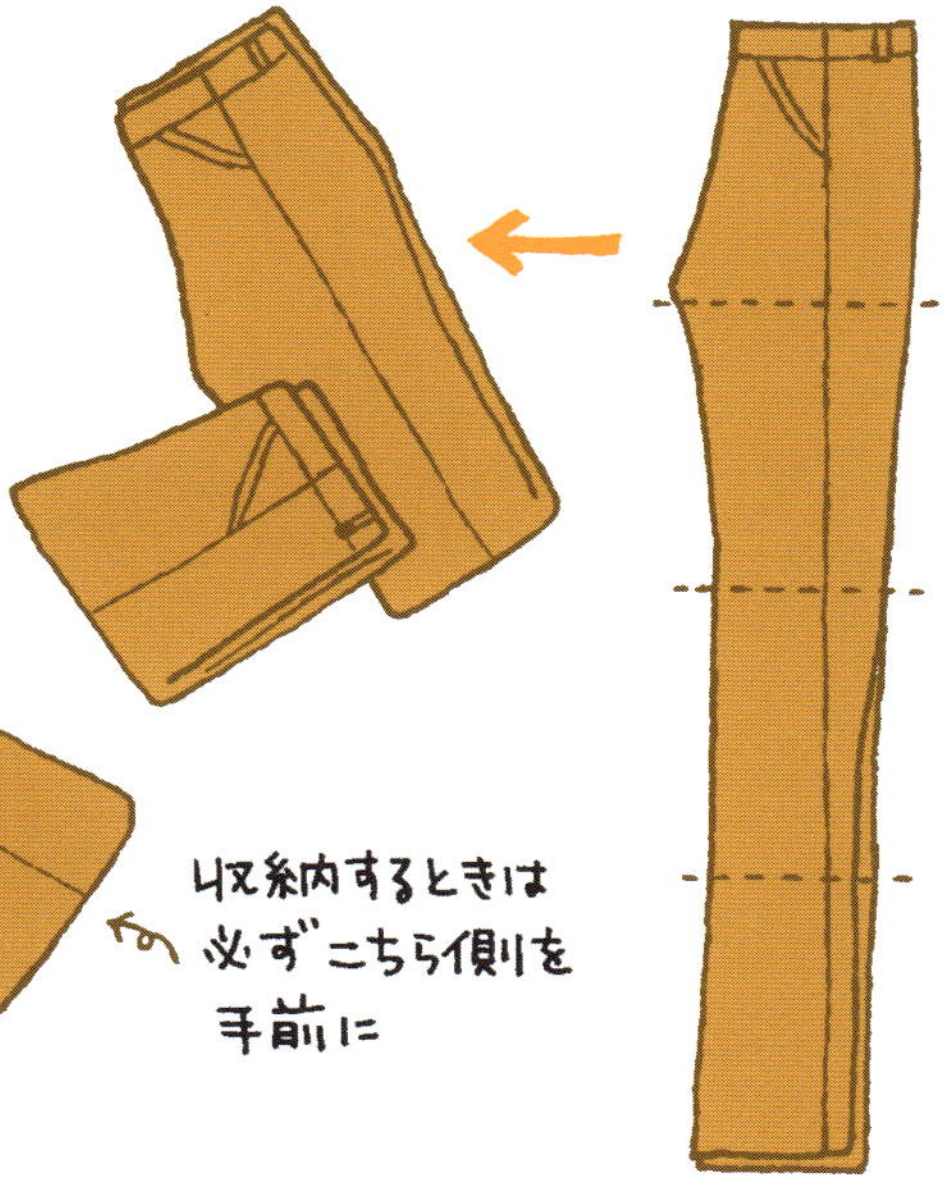

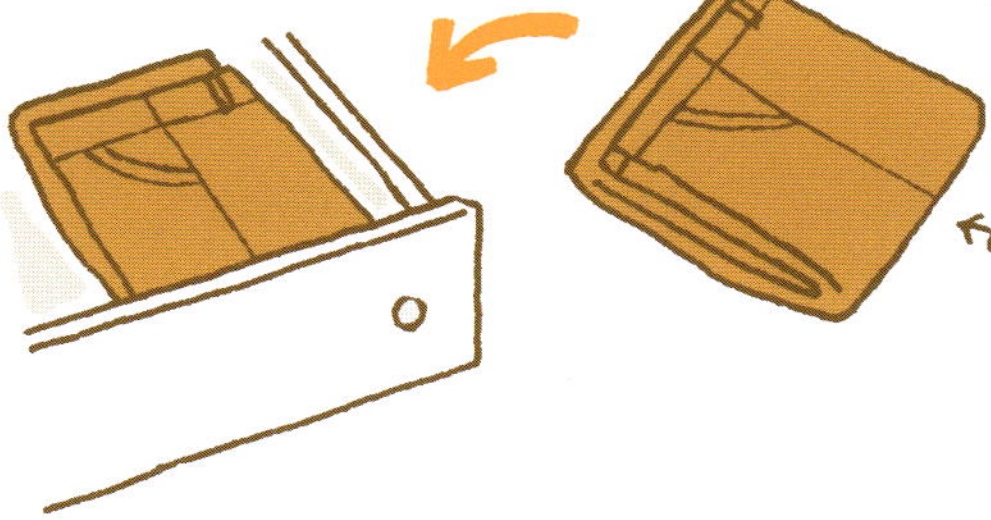

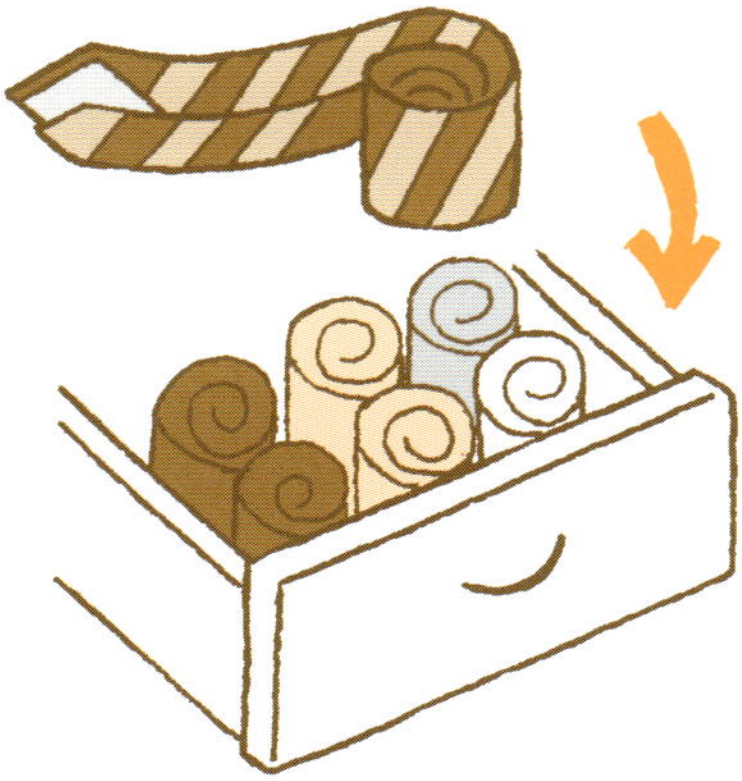

自分の土台を築きたいなら ネクタイは巻いて収納

ネクタイやスカーフは、首に巻く物。男女を問わず、運気は胸元から入るという性質があります。首に巻くネクタイやスカーフの収納は、運気アップにはとても大切です。

まず、ネクタイの場合、いま現在の運をためたい人、自分の土台を築きたい人は、くるくると巻いてタンスの上段に収納を。一方、仕事の発展運や行動力を身につけたい人は、ネクタイハンガーなどを使いましょう。その際、クローゼットの向かって左側に収納してください。色のトーンを考えて収納するのも、ネクタイのもつ運を強めるポイントです。

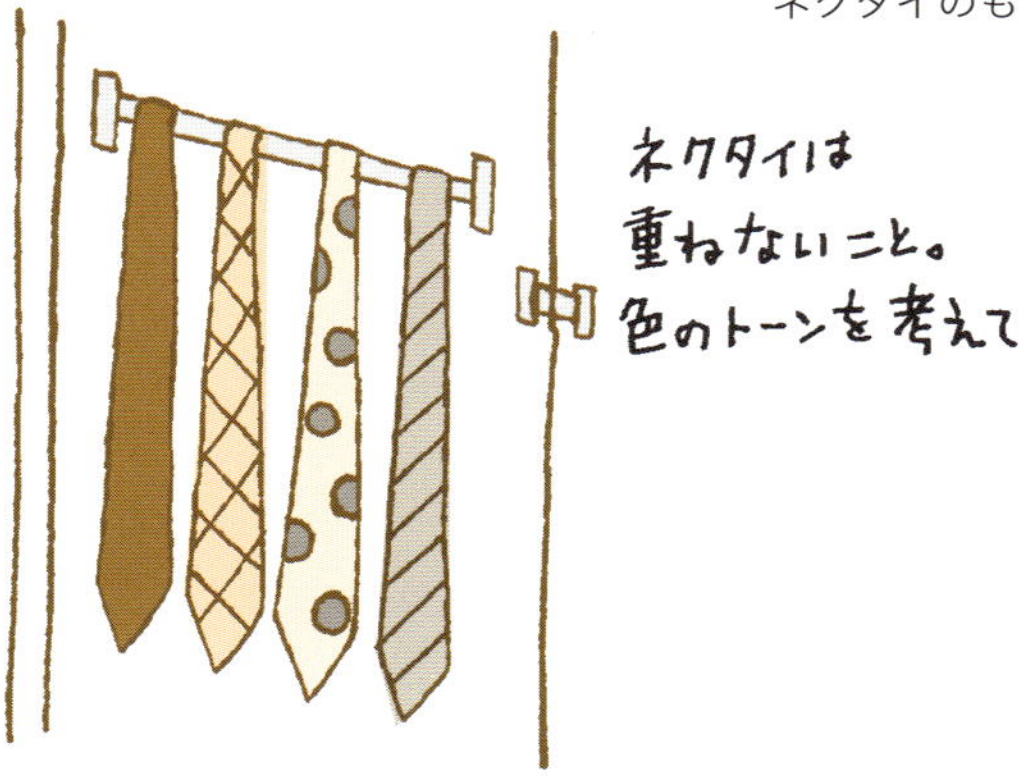
ネクタイは
重ねないこと。
色のトーンを考えて

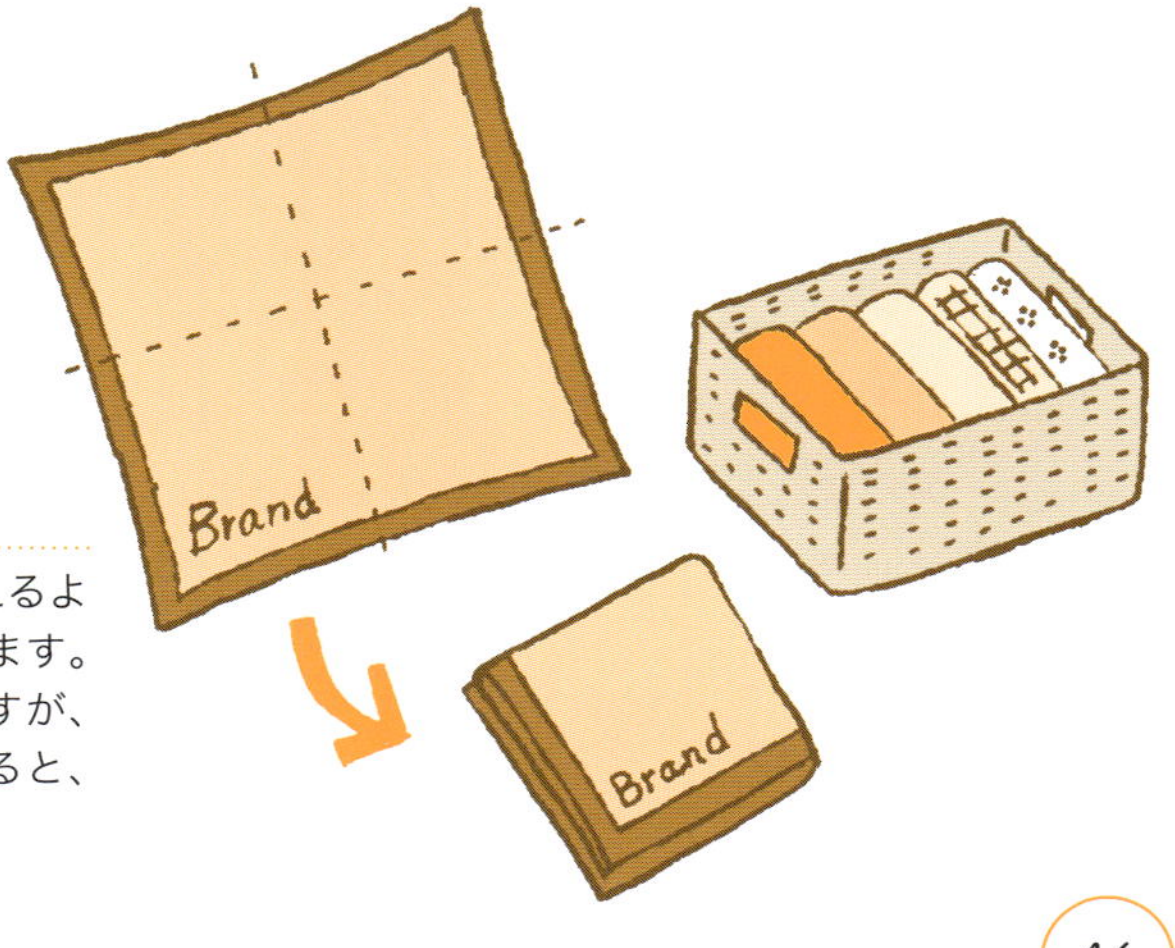
Brand
Brand

ハンカチは ブランド名を上にして

ハンカチはブランド名が見えるようにして、正方形にたたみます。重ねて収納してもよいのですが、できれば丸めてカゴに入れると、運気がアップします。

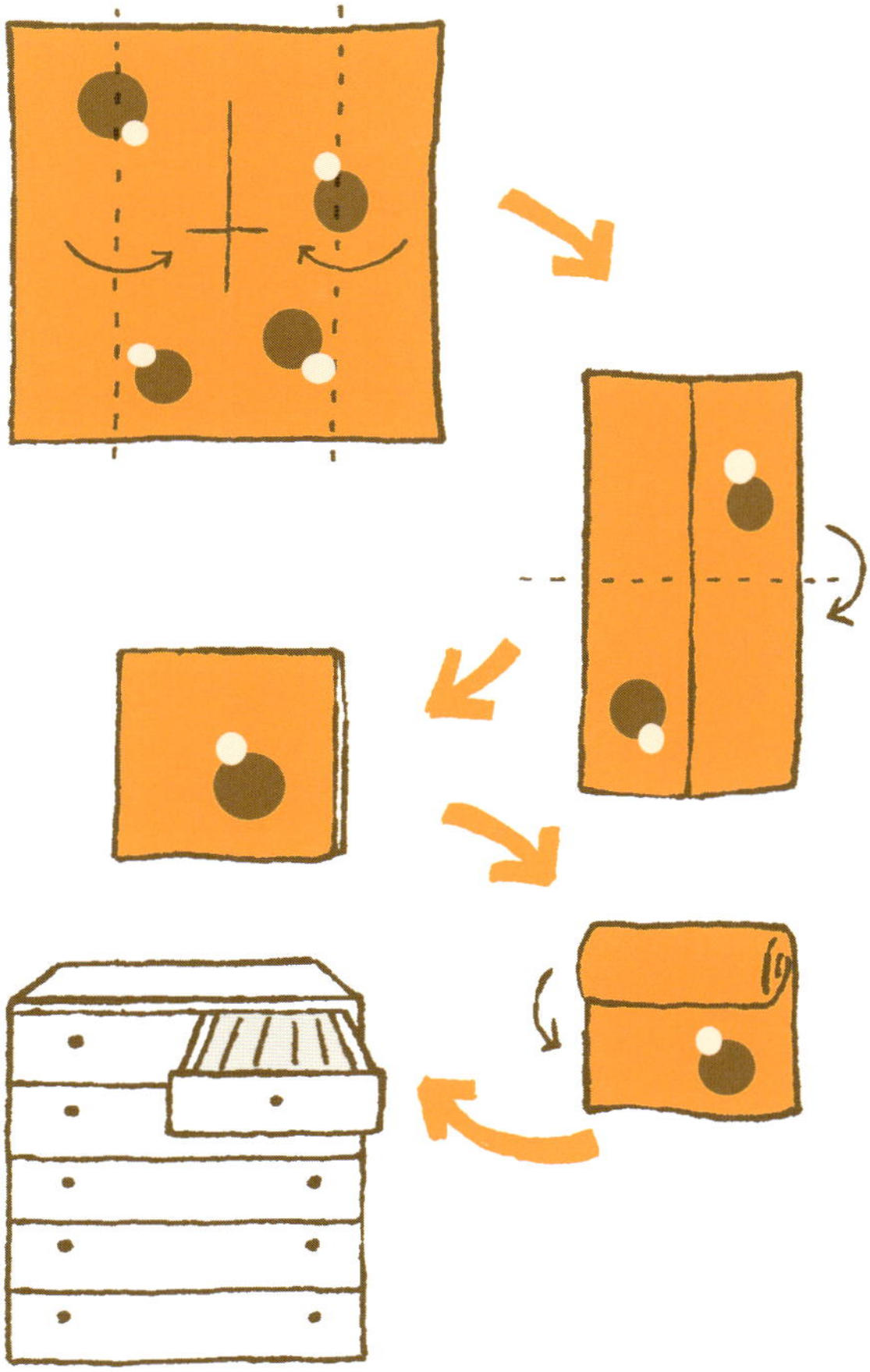

スカーフは
チェストの上段に

スカーフやストールなど、首や体に巻いて使用する物は、チェストの上段に収納しましょう。特にスカーフの場合、色の濃い物を下方に、薄い物を上方に収納するのがポイント。
シフォンなど薄手の物は、厚手の物と区切って収納すると、縁に関する運気が上昇します。
スカーフやストールなどをしまっている段には、香りの物を一緒に収納すると、人間関係や恋愛運が強まりますので、お試しを。

One More

ポプリは香りがなくなったらダメ!

風水ではドライフラワーはNG。けれど、ポプリは香りがあるうちなら大丈夫です。香りがなくなったらすぐにエッセンシャルオイルをたらして。

Advice

欲しい運気で違うベルトの収納法

ベルトは腰に巻くアイテム。腰まわりは胃腸のバランスをつかさどりますので、ベルトをゴチャゴチャに収納していると、胃腸の状態に影響が。

ベルトの場合、性別や欲しい運気で収納法が変わります。まず、男性や金運が欲しい方の場合、くるくると巻いてからチェストの中央より下段に収納します。女性や人間関係運、恋愛運が欲しい方なら、ベルト掛けなどに吊して、クローゼットの向かって右側に収納しましょう。

また、流行の物は手前側に、ベーシックな物は奥に収納するのがポイントです。

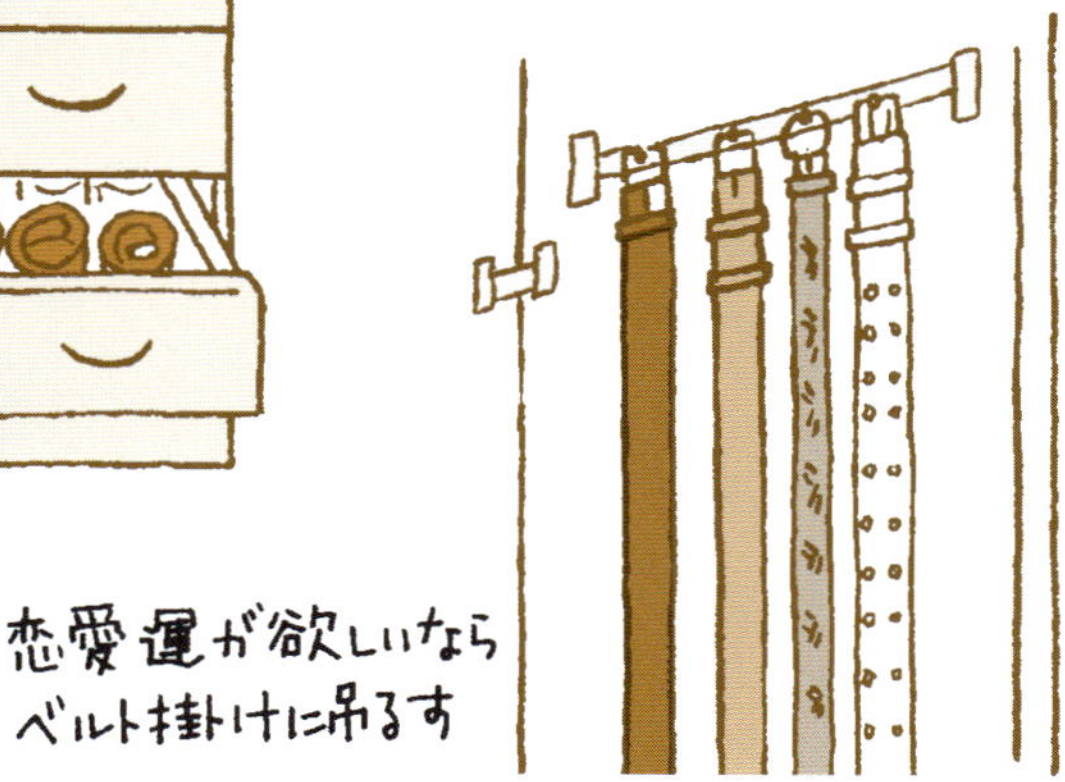

帽子は上のほうに重ねて収納する

帽子は頭にかぶる物ですから“天の物”となります。天の物は上のほうに収納するのが基本。収納の下段や中段には置かないよう心がけましょう。重ねてもかまいませんが、頭の形がつぶれないように。キャップの場合は前面はつぶさず、後ろのほうだけを折って重ねます。

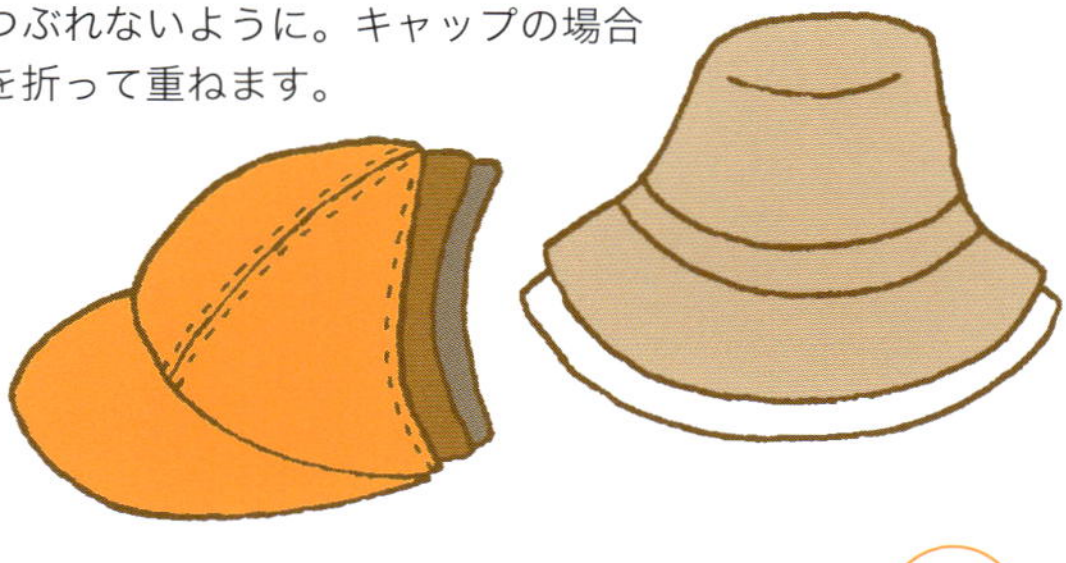

普段使いの物は
吊るして収納が
Good!!

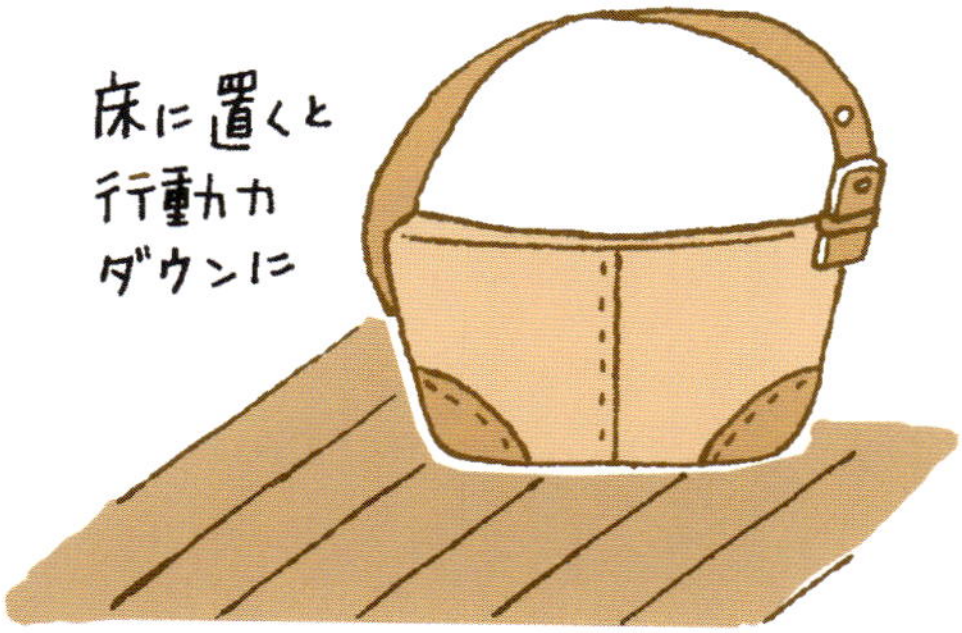
床に置くと
行動力
ダウンに

バッグは掛けて収納すると行動力がアップ

バッグは行動力を与えてくれるアイテムです。風水では、行動力のある人が「運を吸収しやすい人」と考えますので、運のいい人になるためには、バッグの収納はとても大切な要素となります。

バッグの収納でもっとも注意しなければならない点は“床に直接置かない”こと。バッグを床に直接置いておくと、腰が重くなり、動きが鈍くなってしまいます。行動力を表す「動」の気は上方にあります。そのため、バッグなど行動力を表すアイテムは、自分の腰の位置よりも上のほうに収納するのがポイントになるのです。常にフットワークよく動けるようにするには、フックなどに掛けて収納しておくのがおすすめ。特に、普段使いのバッグは吊るしておくことで、チャンスに強い人になれます。

パーティー用や旅行用など、普段使わないバッグは、できるだけ上のほうに収納して。また、使っていないバッグの中に物を入れたままにしておくと、人から誤解を受けやすくなるので注意しましょう。

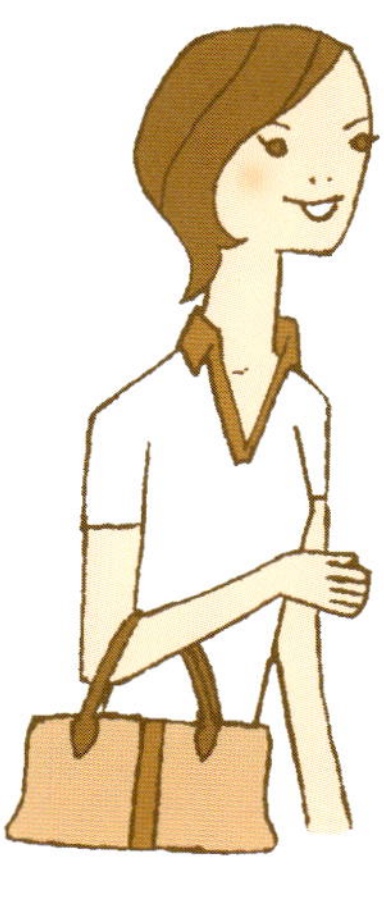

物を入れたままにすると
他人から誤解を受けやすく

Column

クリーニングのハンガーは使わないほうがいい?

クリーニング屋さんのハンガーは、とても便利な物ですよね。洋服をたくさんもっている人にとっては、とてもありがたいアイテムです。

ただし、風水では、安っぽいイメージの物が空間にあると、それがそのまま「自分の運」になってしまうと考えます。

どうしても“安っぽいイメージ”になりがちなクリーニングのハンガーは、できれば避けたいアイテムですが、すべて買い換えるのは難しいものです。

そこでおすすめするのは、まず、掛ける物を分けるということ。コート類や値段が高めの洋服はきちんとしたハンガーを使って掛け、ちょっと安目の物や普段着にしている物、また、薄手の物などをクリーニングのハンガーに掛けるようにすると、悪い影響を受けづらくなります。

また、クリーニングのハンガーでも、首のところにリボンを結んだりなど一工夫してみると、安っぽい物のもつ悪い気がなくなりますので、お試しを。

Chapter 3

最強の金運を築くキッチン収納術

キッチンは金運の要。キッチンツールは色や素材の統一感を大切に。
ゴチャゴチャした収納は、金運ばかりか健康運まで低下させてしまいます。
運気が目減りしないように、キッチンまわりを見直しましょう。

「火」と「水」の気を混ぜないのが金運アップのポイントです

シンク下には調理器具やミネラルウォーターを収納

キッチンは金運をつかさどる場所。キッチンの収納ひとつで、家に入ってくる金運が大きく変わります。中でもシンク下やガス台まわりは大切。ここの収納次第で、金運のある家とない家が分かれてしまいます。

特に注意したいのは、シンク下に食品や調味料を置かないようにすること。

シンクの下は「水」の気の強い場所です。一方、風水では、生命は「火」を表すとされますので、〝生きる〟ための食品や調味料は「火」の気をもつ物と考えます。

こんなキッチンは金運ダウン！

つまり、シンク下に食品や調味料を置くと、「火」と「水」という正反対の物質が同居することになり、空間のバランスが乱れます。その結果、キッチンのもつ金運が大きく下降することになるのです。

シンク下に「火」の気の強いオイル類や、塩、また主食であるお米を収納しておくと、自分自身がもって生まれた金運までも消耗することになりますから、避けてください。

シンクの下には、鍋やボウルなどの調理器具や、同じ「水」の気をもつ、ミネラルウォーターなどを収納しましょう。

食料品は命の源 ガス台下に収納して

食品や調味料は、同じ「火」の気をもつガス台の下に収納します。

なお、悪い意味での「火」の気を持つプラスチック素材の物ばかりをガス台の下に置いてしまうと、悪い意味での「火」の気がまわり、無駄遣いや衝動買いなどでお金を失いやすくなります。

主食であるお米は、できるだけ木製やホウロウ素材のストッカーを使うよう心がけて。

また、シンク下、ガス台下のどちらの場所でも、焦げついたお鍋を収納しておくと金運ダウンになります。くれぐれも注意しましょう。

One More
コレはキッチンに置かない!
悪い意味での「火」の気をもつプラスチック製品や赤い色の物は、金運を燃やしてしまう。なるべく処分するか、目につかない場所に片づけて。
Advice

キッチン収納のPoint

1 シンクの下には調理器具を

「水」の気をもつシンク下には、調理器具やミネラルウォーターを収納しましょう。

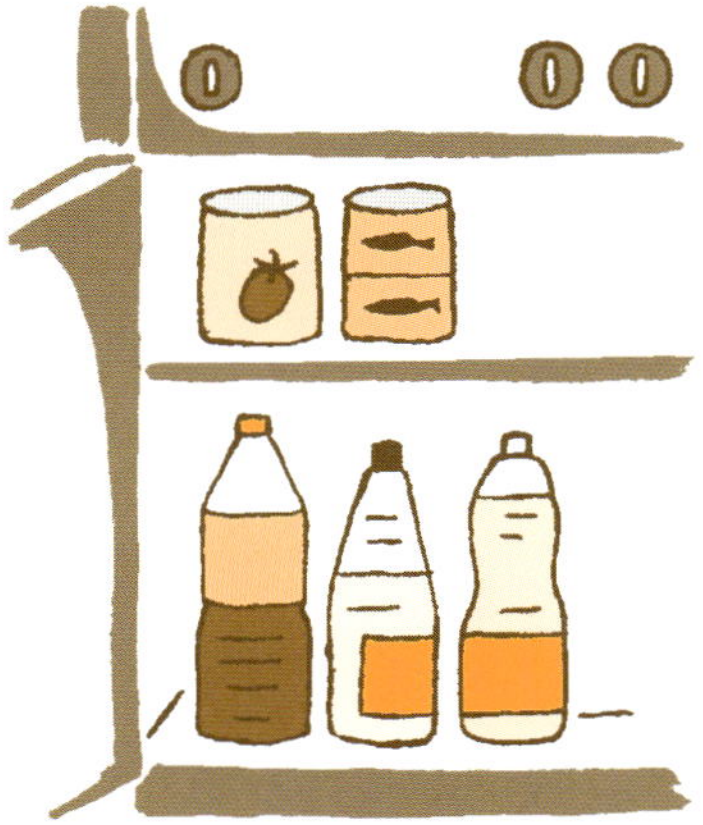

2 食料品はガス台下に

ガス台の下は「火」の気の強い場所。同じ「火」の気をもつ食品を収納します。

3 お米は木製やホウロウのストッカーに収納

買ってきたままビニール袋に入れておくのは厳禁。お米のもつ運気が目減りしてしまいます。

4 鍋は焦げついたままにしない

強い「火」の気が金運を燃やしてしまいます。鍋やフライパンはピカピカに磨いて。

風水の「金の理論」では冷蔵庫は豊かさを増やす場所

賞味期限切れの食品はお金にルーズになる原因に

当たり前のようですが、冷蔵庫は食品を「冷やす」もの。

食は「金」の気を表し、冷やす行為は「水」の気を表します。

風水では、「金」は「水」に交わって増えるという「金の理論」があります。つまり、冷蔵庫は、金運など の〝豊かさを増やす場所〟となるのです。

冷蔵庫の収納でいちばん注意したいのは、食品の賞味期限。賞味期限を過ぎた物は、古い＝「陰」の気をもつ存在となります。

「陰」の気の強い物が冷蔵庫にたくさん入っていると、豊かさを増やすどころか、お金にルーズになる環境をつくり出してしまうことに。

多少は仕方がないとしても、賞味期限切れの食品を冷蔵庫に保存しておくのは、できる限り避けましょう。

魚は向かって右側 肉は左側に保存する

冷蔵庫に肉と魚をゴチャゴチャに入れておくと、家族の間にすれ違いが生じやすくなりますので、避けたほうが無難です。

魚は動の気、肉は静の気をもつ食品ですから、魚は

運のよい冷蔵庫

冷蔵庫の側面を収納として使う場合は、必要な物だけをしまいましょう。キッチンペーパー掛けは木製の物をおすすめします。

動くゾーン、肉はためるゾーンに置くのが◎。魚は冷蔵庫に向かって右側に、肉は左側にと、それぞれ分けて保存するよう心がけましょう。

次に野菜類ですが、風水では、野菜は若さや発展を表す物と捉えます。

野菜室に野菜をギュウギュウに詰め込んだり、また、古くなった野菜を長い間しまっておいたりすると、野菜のもつ「木」の気、つまり若さや発展運が失われることに。

野菜類は早めに調理するようにし、保存してある物は、常にその品質のチェックを心がけましょう。

また、卵をプラスチックケースのまま収納している方もいるようですが、卵には「生まれる」という運気がありますので、きちんと出してから収納しましょう。プラスチックケースのままだと、金運を生み出すことができなくなってしまいます。

ゴチャゴチャした冷凍庫は お金が流れ出ていく

冷凍庫に食品を保存しておく場合、必要な物がきちんと取り出せるよう収納することが大切です。

冷凍庫に何が入っているのかわからない状態だと、いつのまにかお金が流れていき、お金がたまりづらい家をつくることになってしまうのです。

冷凍庫の奥の物と手前の物を入れ替えたりすると、気のとどこおりを防ぐことができますので、ぜひ実践を。

ちなみに、もっとも金運を落とす行為は、牛乳とお醤油を隣り合わせに保存しておくことです。くれぐれも注意しましょう。

卵はプラスチックケースから出してからしまう
醤油
MILK
牛乳と醤油は隣同士に置かない

食器は土台をつくるアイテム 気のめぐりのよい収納を心がけて

運気がアップするオープン棚

オープン棚にグラスやカップを上に向けて収納するなら、中にキャンディなどを入れて。

扉のない食器棚ならカップは下に伏せて収納

食器は、あなたの運の土台をつくる物。どのような収納をするかで、食器のもつ運気は大きく変わります。

まず、扉のない食器棚の場合、カップなどを上向きに置いておくと、金運がカップに吸い込まれてしまいます。カップは下向きに伏せて収納しましょう。

オープンな飾り棚などで、インテリアっぽく上向きに置きたいときは、カップの中に何かを入れておくと、気が吸い込まれません。キャンディやガラス玉など丸い物を入れておくと、豊かさを生み出してくれるようになりますので、おすすめです。

扉のある食器棚であれば、上向きに置いても問題はありません。

陶器はガラス器より低い段に収納

食器棚は、重い物を下の段に、軽い物を上の段に置くと、バランスのよい状態を保つことができます。反対に、重い物を上のほうに置くと、周囲からプレッシャーをかけられたり、圧力や束縛を受けやすい状態をつくります。

また、陶器など「土」の素材の物と、ガラスなど「水」の素材の物（ガラスは暗いところでは「水」の気をもちます）を同じ段に置かないよう心がけてください。「土」と「水」が交わることで、運気の土台を流してしまうためです。

陶器の食器は、ガラスの食器よりも低い段に収納しましょう。ガラス素材の物は、自分の目線より上に当たる場所に収納を。

食器棚にお菓子をしまうと太りやすくなる

食器棚に、食器以外の物を一緒に収納すると、食器がそれらの物のもつ運気を吸収してしまうため、あまりおすすめしません。

特に、お菓子や食物を一緒に置く場合、お金に対してルーズになる傾向や、食べることにルーズになるため、太りやすい状況をつくり出します。

ただし、扉や引き出しが別である場合は、問題ありません。

さらに、食器棚の引き出しにスプーンやお箸などを収納する場合、引き出しが2つあるなら、向かって左側に収納しましょう。

右側にはランチョンマットやコースター、キッチンクロスなど布製の物を。引き出しが上下にある場合、お箸などは上のほうに収納してください。

運気がアップする食器棚

ガラスは目線より
上にしまう
陶器はガラス器と
一緒にしない
皿など重い物は
下段に収納
引き出しが2つ
ある場合、カト
ラリーは向かっ
て左側にしまう

ガラス器は上品な物を選んで

ガラスは、明るく暖かい場所では「火」の気をもち、暗く寒い場所では「水」の気をもつ素材。

冷たい物を入れた場合は「水」の気を、温かい物なら「火」の気を得られます。

特に、冷たい物を盛る場合、女性は「水」の気を得るため、その器の印象が自分自身の容姿の印象につながるとされます。

あまり安っぽい印象のガラス器は使わずに、自分の気に入った物を選ぶよう心がけましょう。

また、耐熱ガラスなどでハーブなど香りのお茶を飲むと、香りのもつ出会い運が「火」の気によってさらに高められ、よい出会いに恵まれるようになります。

センスのよい〝見せる収納〟は人間関係運を向上させます

キッチンツールは統一感を考えて

調理器具の収納も、キッチンの運気を左右する大切なポイントとなります。

まず、お玉やフライ返しなど、キッチンツールをゴチャゴチャとさせないよう心がけましょう。金運上昇のためには、収納の扉の内側に掛けるなど、目に触れないところに置くのがベスト。

ただし、統一感のある物に限っては、見せる収納にするのも人間関係運を上げるのに効果的です。

その際、キッチンツールの持ち手の素材がプラスチックだったり、木だったり、スチールだったりとバラバラな状態だと、反対に人間関係から悪影響を受けてしまいます。

お玉やフライ返しなどは、同じデザインの物でそろえることが大切です。

持ち手は、一般的には木製やスチール製がおすすめです。〝なかなかお金をためられない〟という人には、「土」の気をもつ陶器の物もおすすめ。

見えないように収納す

見せる収納はココに気をつけて！

見せる収納はセンス次第で運気アップ

センスのよいディスプレイは、その家に住む人の容姿やステイタスに大きく影響を及ぼします。

オープンラックに食器をセンスよくディスプレイしたり、また、調味料入れやキャニスターなどに統一感をもたせて、キッチンを飾ってみましょう。

また、食品は収納しておくだけでなく、カゴや食器を使ってディスプレイしておくと、楽しみごとにお金の使える人、お金の戻りのある人になれますので、お試しを。

お玉やフライ返しなどをゴチャゴチャさせない

お玉やフライ返しなどのキッチンツールは収納の扉の内側に掛けたり、引き出しの中にしまうなど、目に触れないところに収納するのがベスト。デザインを統一させることも大切。

るのがベストですが、掛ける場合は、柄の前面を壁に向けて（お玉なら、膨らみがこちらに向くように）してください。

目線より高い位置に鍋を収納しない

フライパンなどをぶら下げて収納するのは、あまりおすすめしません。特に、焦げついたフライパンを目線に置くのは絶対にNG。

焦げつきは、悪い意味での「火」の気を呼び起こし、衝動買いや無駄遣いを引き起こします。鍋の焦げつきも同様ですので、注意しましょう。

鍋の場合、調理台の上にそのまま置いておいたり、目線より高い棚の上に収納するのは厳禁。

調理台の上に置きっぱなしの場合、知らないうちにお金が出ていく状況をつくり出しますし、目線より高い位置に置くことで、お金によるストレスを受けるようになります。

鍋などは、シンク下に、ラックなどを使って効率的に収納しましょう。

キッチンツールはココに気をつけて！

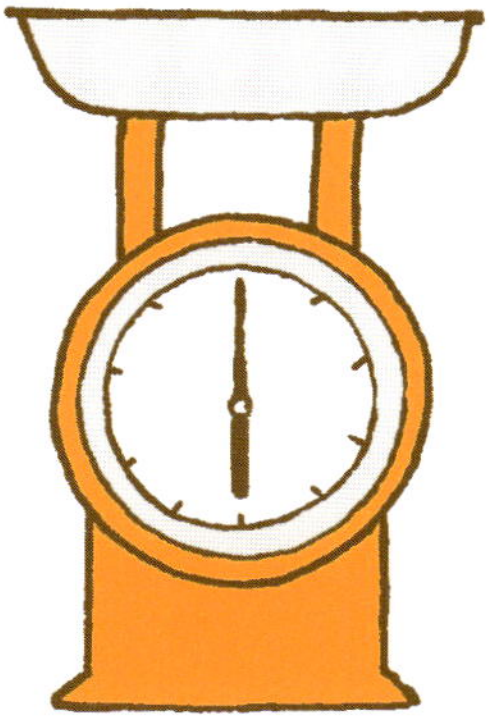

キッチンタイマーを見えるところに置くと節約できる

キッチンタイマーやキッチンスケールは、目に見えるところに置きましょう。お金に対するルーズさが改善されます。

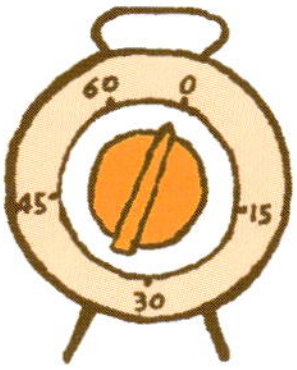

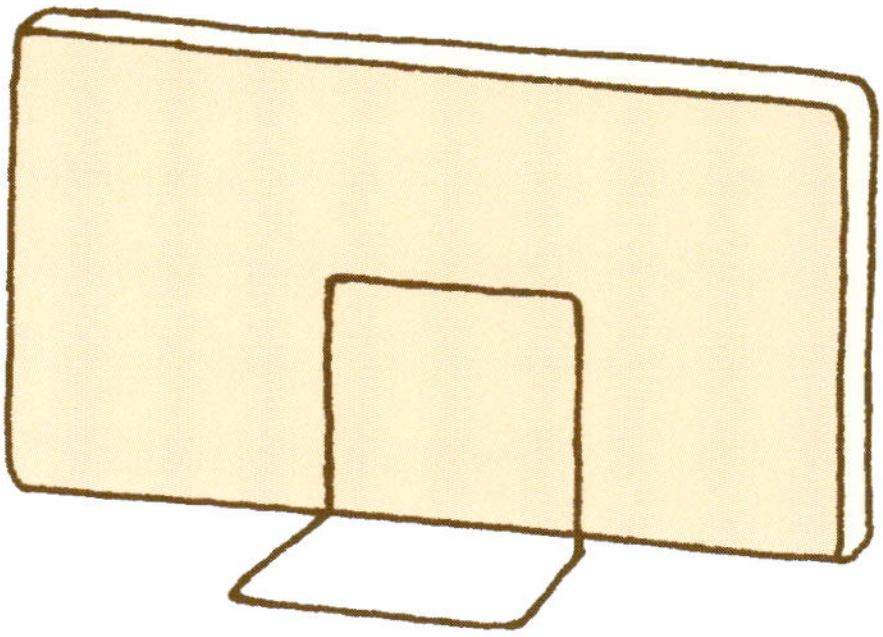

まな板は立てておくとGood

食品は命の源となります。調理をするまな板は、清潔に保ちましょう。立てておくのが◎。

包丁やキッチンばさみは見えないところに収納

包丁やキッチンばさみは、見えるところに収納するよりも、扉の内側など、見えない収納を心がけましょう。見ることで、刃物のもつ「金」の気が消耗されてしまうためです。どうしても見えるところに置く場合は、シンクの近くに包丁立てを。ガス台や電子レンジなど、「火」の気の強い物のそばに置くのは厳禁です。

スパイスストッカーやキャニスター……運気のよくなる調味料入れは？

スケルトンタイプの調味料入れはお金がたまらない

キッチンでもっとも大切なのは、目に見えるところにプラスチック製品を置かないことだとお話ししました。これは、プラスチックのもつ悪い意味での「火」の気が、「金」の気を燃やしてしまうためです。

キッチンツールの中でも、常に目にする場所に置かれる調味料入れは、特に重要な意味をもちます。

風水では、「見る」という行為は「火」の気をもつと考えます。調味料入れがプラスチック製だと、より強い「火」の気を受けることになってしまうのです。

ご使用になっているご家庭も多いようですが、プラスチック製で、中身が透けるスケルトンタイプの物を使うと、お金のたまらない家になってしまう可能性があります。

中でも、スケルトンに赤や黒のプラスチック部分がコンビになっているような物は、絶対に避けましょう。赤はお金を燃やし、黒はお金をどんどん流すという作用が生じます。赤や黒は調味料入れだけではなく、キッチン全体のNGカラーとなります。

調味料入れは白い陶器がおすすめ

キッチンの「火」を抑えることが、金運アップへの近道と風水では考えます。調味料入れは「土」の気をもつ、陶器の物を使いましょう。

陶器の「土」の気が、お金を燃やす「火」の気を抑えてくれます。

特に、白い陶器の物はおすすめです。白い陶器は清浄化作用が強いため、空間に漂う悪い意味での「火」の気を寄せつけず、空間を清浄に保ってくれる作用が

手づくりアイテムで開運！

空き瓶に自分でクロスを貼って、調味料入れなどにするのもおすすめです。キッチンまわりの物を同じ柄でそろえると、気のバランスがいっそうよくなり、安定した金運が築けます。

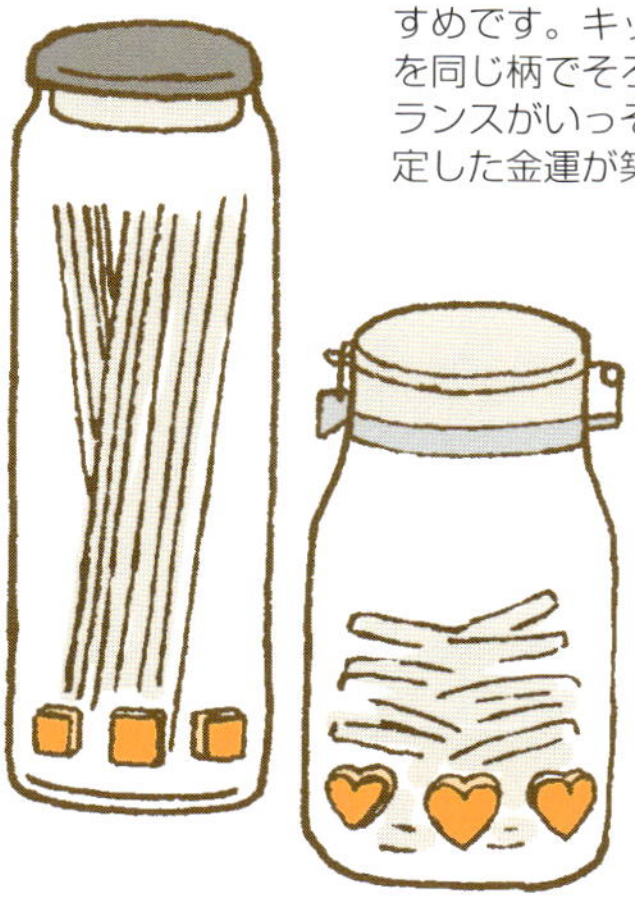

食品は陶製の容器に入れるのがおすすめですが、ガラス製のキャニスターやパスタケースを使うと、人間関係運が上昇します。下のほうにカラフルなタイルを貼ると金運にも◎。

あります。

また、陶器の調味料入れは、できるだけ目に見える場所に置くよう心がけましょう。シンクのそばよりも、ガスのそばがベストです。

ガラスや木製のキャニスターは？

ガラス製キャニスターの場合、人間関係運には効果的なのですが、金運という面では、少々無駄遣いをしてしまったり、浪費癖が出やすくなるので注意しましょう。

ガラス製の物は、自分の目線より上のほうに置き、普段の目線からは外すよう心がけてください。

そのほか、木製のスパイスストッカーなどは、金運というよりは、生命力を向上させ、家族が健康で過ごせるという運気をもっています。

特に、小さいお子さんがいらっしゃる家庭ではおすすめ。陶器と併用して使ってみましょう。

カトラリーはアイテム別にして貯蓄運をつくりましょう

ナイフとスプーンは別々に収納する

キッチンの引き出しの中は、貯蓄運をつくるために重要な場所。見た目にすっきりと収納することも大切ですが、ちょっとした工夫で運気は大きく変わります。

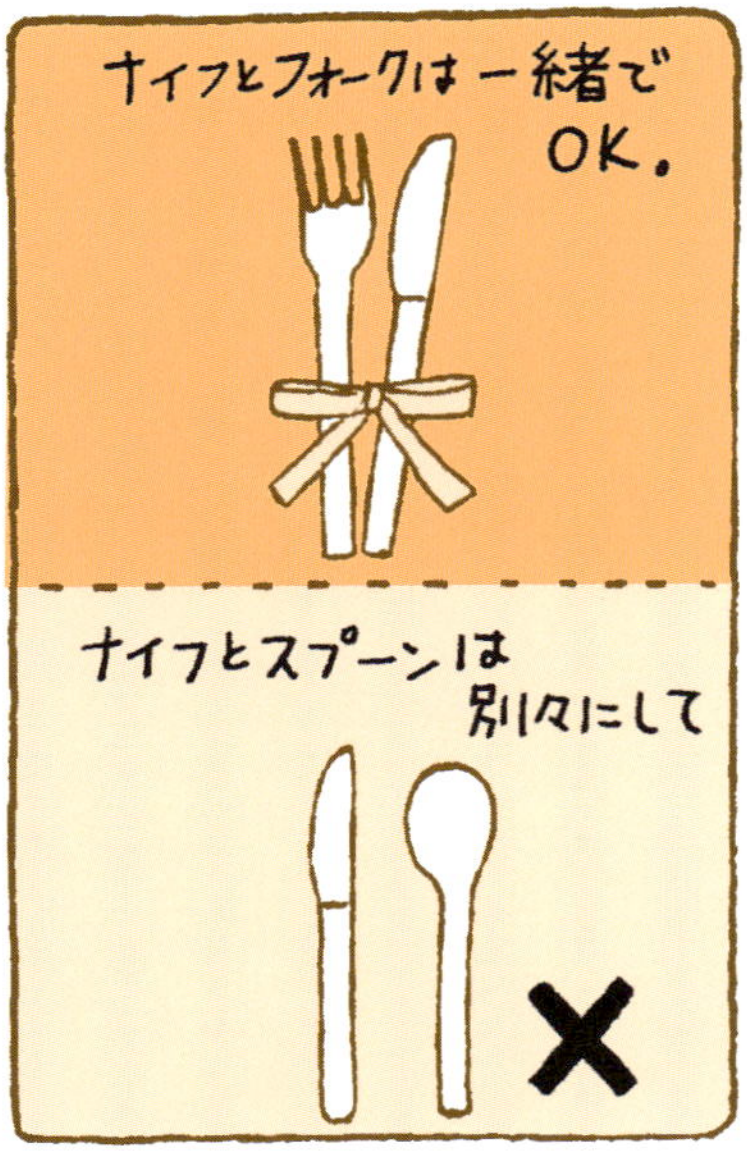

まず、ナイフとスプーンを一緒に収納すると、スプーンのもつ「金」の気をナイフが切ってしまうため、金運がどんどんダウンしてしまいます。

引き出しを別にする必要はありませんが、カゴなどで仕切りをして、きちんと分けて収納しましょう。ナイフとフォークは一緒の仕切りに入れておいても問題ありません。

お箸は自分自身のグレード 安っぽい物は避ける

お箸は、自分自身のグレードを表します。あまり安っぽい物や、古い物は使わないほうが無難です。

ご家族が使うお箸には統一感をもたせるのが、家族の和を築くポイントとなります。バラバラな印象のお箸を使っていると、家族にすれ違いが生じやすくなるので注意が必要です。

お客さま用のお箸は、家族の物とは区別して収納しましょう。

また、お客さま用にと、ケータリングやコンビニなどでもらった割り箸を取っておく方もいらっしゃると思いますが、あまりたくさん取っておくのはおすすめしません。

割り箸は「木」の気をもつ物ですので、特に店名などが刻まれた割り箸をたくさん収納しておくと、若さや発展の運気が消耗してしまいます。

チープな印象を与える割り箸をお客さまにお出しすると、自分のグレードを下げることになりますので注意しましょう。

割り箸は、質のよさそうな物だけを選んで取っておくよう、心がけてください。

引き出しの仕切りは自然素材の物で

なお、引き出しの中を仕切る場合、できればプラスチック製の物は避け、木製、カゴ、スチール製の物を使いましょう。

プラスチック製の物を使うと、プラスチックのもつ、悪い意味での「火」の気が、お金のたまらない家をつくってしまうためです。

どうしてもプラスチック製の物を使う場合は、収納する物に直接プラスチック面が当たらないよう、布を敷くなど工夫してください。

貯蓄運アップのカトラリー収納法

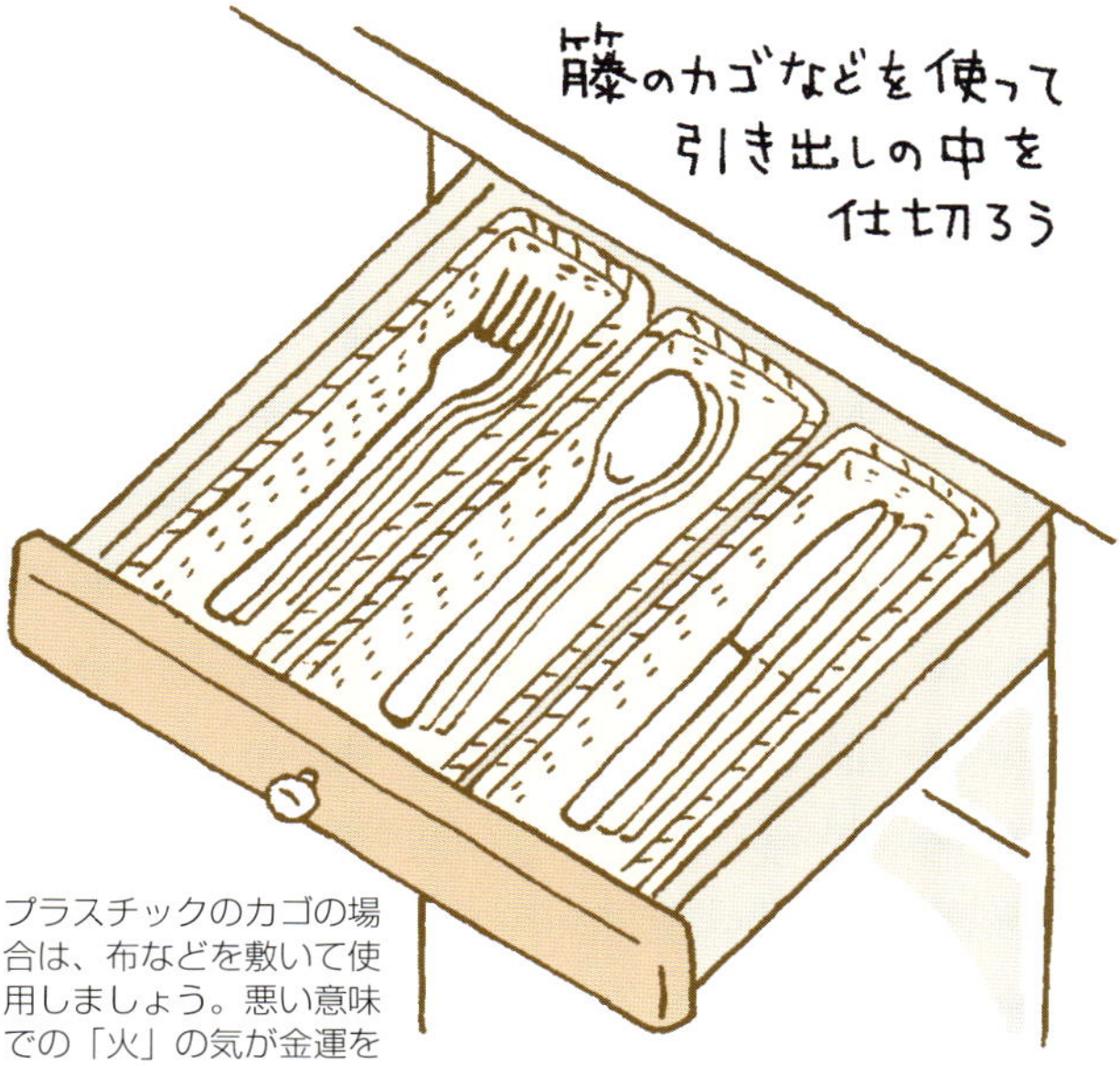
籐のカゴなどを使って
引き出しの中を
仕切ろう

プラスチックのカゴの場合は、布などを敷いて使用しましょう。悪い意味での「火」の気が金運を燃やすのを防げます。

Column

古い物はすべて捨てなくちゃダメ?

物には寿命があり、また、古い物には「陰」の気がこもると風水では考えます。寿命を過ぎた物には、生み出す力がありませんので、自分のまわりにたくさんの古い物があると「発展していく運気がない環境」となってしまいます。

では、古くなったらすべて捨てなくてはならないかというと、それはまた別の問題。たとえば、先祖代々受け継がれた物はその家を守る物となりますし、自分が心から気に入っている物は、古くても運気をもたらす物となります。

ただし、どうでもいい物の場合は、空間に「陰」の気がこもるので処分したほうが無難。また、気に入った物でも、ときどき太陽に当ててあげると、新たな運気が生じるようになります。

アンティークなどは誰が使ったかわからない場合が多いため、基本的におすすめしていませんが、気に入った物なら太陽に当てたり、一度、きちんと水拭きしたりなどすれば、大きな問題はありません。ただし、あきらかに運の悪かったと思われる人や、ご病気の方が使っていたような物は避けましょう。特に、チェストや鏡は注意が必要です。

Chapter 4

家中の収納を見直しましょう

収納スペースの状態は、あなたの運気に直結します。
押入れやクローゼットは「運をためる場所」。
物のしまい方の上手な人が、幸運な人となるのです。
ここでは、さまざまなモノの正しい収納をお教えします。

運のいい寝具で睡眠中に運気を吸収しましょう

布団は押入れの上段に収納する

人は寝ている間に運気を吸収します。そのため風水では、寝方のうまい人が運のいい人であると考えます。

そうした意味でも、寝るためのアイテム＝寝具が運気に与える影響は大。本当の意味で「運のいい人」になるために、寝具の収納には十分な注意が必要です。

まず、布団を押入れに収納する場合、下段に収納するのはNG。押入れの下段は湿気があり、また大地に近いことから「陰」の気が満ちています。ここに布団をしまうと布団に「陰」の気が吸収されてしまいます。

寝ている間に「陰」の気を吸収すると健康面に影響が出ますから、面倒でも、布団は押入れの上段に収納するよう心がけましょう。

また、寝具を収納する場所が一定でないと、運が固定せず、体から抜けていってしまいます。シーツや枕、布団カバーなどは、決まった場所に収納しましょう。可能ならば、シーツや枕カバーなどは他の物と一緒にせず、専用の引き出しをつくるのが理想的です。

圧縮袋を使うと布団の運気を押しつぶす

また、自分の使っている夏用の布団、冬用の布団を、シーズンオフに圧縮袋で収納するのは避けましょう。圧縮袋を使うと、布団が吸収するべき運気を押しつぶしてしまいます。

収納スペースの問題でどうしても圧縮袋を使いたい場合は、布団を袋から取り出した後3日間、毎日、午前中の天日に干して「陽」の気を吸わせてから使用しましょう。

One More Advice

余計な物は置かない！

ベッドまわりには、目覚まし時計など起きるために必要な物だけを置きましょう。読みかけの本やタブレット端末など、情報を得るためのものは置かないのが◎。

ただし、お客さま用の布団に圧縮袋を使うのは、問題ありません。

おもちゃや季節の家電と一緒にしまわないこと

寝具の収納に関するもうひとつのNGは、布団をおもちゃや季節の家電などと一緒に収納すること。

おもちゃは動きを表す「木」の気をもつ物、家電は「火」の気をもつアイテムです。どちらも布団がためるべき運気を消耗させてしまうのです。

上段と下段など段を変えたり、仕切りをつくって、区別して収納するなどの工夫をしてください。

こんな寝具の収納は運気ダウン！

季節の家電と一緒にしまっている
おもちゃと一緒に収納
布団を押入れの下段にしまっている

風水では北枕がおすすめ

風水では、北は「水」の方位とされています。北枕で寝るということは、「水」の気を頭から吸収するということ。いわば、頭寒足熱の寝方ができるというわけです。

また、風水では気は北から流れ南に抜けていくと考えますので、北枕で寝ることで頭から生気を吸収し、体にたまった毒を流せます。

東枕もおすすめの方位です。太陽は東から昇り、西に沈んでいきます。東枕で寝るということは、昇りゆく運気、若さや発展の運気に恵まれることになります。

もっとも注意していただきたいのが南枕。南は「火」の方位ですので、イライラしたり、金運が燃えてしまったりする可能性が。南枕で寝ざるを得ない人は、枕元に観葉植物や白い小花を飾るよう心がけて。

季節の家電は自然素材にくるんで収納しましょう

ビニールや化繊でくるむと貯蓄運が低下する

どのご家庭にも、扇風機やストーブなど、季節によって使ったり、しまっておいたりする家電があると思います。

風水では、季節を大切にすることは「時の運」を得るために大切な要素と考えます。

一方、季節はずれの家電を出しっぱなしにしていると、運やチャンスに弱くなるといわれます。季節はずれの家電は、きちんと収納するよう心がけましょう。

風水では、すべての家電は「火」の気をもつとされるので、収納する際、悪い意味での「火」の気をもつビニールや化繊などにくるむのはおすすめしません。

特に、ストーブなどの暖房器具は、より強い「火」の気をもちます。このためビニールや化繊などにくるんで収納すると、収納スペースの運だけではなく、収納のもつ貯蓄運を燃やし、さらに、家族の間に諍《いさか》いを引き起こしてしまいます。

下か奥のほうにしまうと運気のバランスがよくなる

また、扇風機は「風」を起こすアイテムですので、通気性の悪いビニール素材などにくるむと、「風」のもつ人間関係運や恋愛運などに悪影響を及ぼしかねません。季節の終わった家電は、通気性のよい素材や、コットン、麻などにくるんで収納しましょう。

押入れや収納スペースに家電をしまう場合、下方か奥のほうに収納しておくと、運気のバランスが保たれます。

季節の家電の収納法

季節の家電は出しっぱなしにせず、きちんと収納しましょう。収納する際にビニールの袋に入れると、袋の中に悪い「火」の気が充満し、次に使うときにその気が部屋中に広がってしまいます。コットンや麻などの通気性のよい布にくるんでしまいましょう。

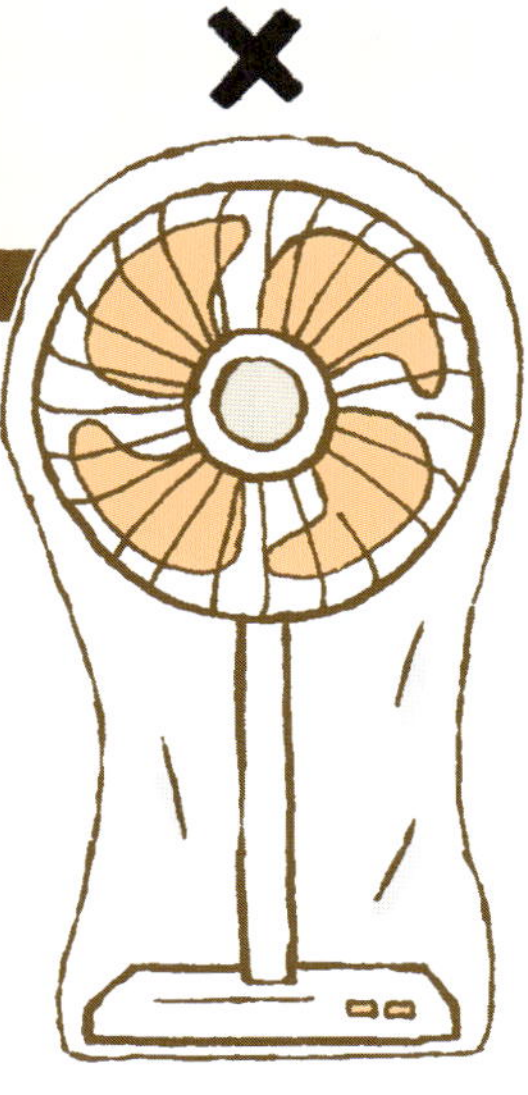

収納には炭を置くのがおすすめ

収納スペースに炭を置くと、空気を浄化してくれるだけでなく、臭いや湿気も吸収してくれるのでおすすめです。

そのまま置くのではなく、通気性のよい和紙に包んで、収納の四隅に置きましょう。

レジャー用品や趣味の道具は収納の手前側に置きましょう

手前に置くと楽しみごとに恵まれる

旅行用のトランクやゴルフバッグ、釣り道具、スキー、スノーボードなど、レジャー用品や趣味の道具は、収納ひとつで運を変えます。

レジャー用品、趣味の物は、楽しみごとの運気や行動力を与えてくれるアイテムです。しばらく使わないからといって、あまり奥のほうに収納するのはおすすめしません。

特に、旅行カバンやトランクなどを収納スペースの奥にしまうと、行動力だけではなく、旅行自体に行きづらい状況をつくり出してしまいます。

また、趣味の道具を奥のほうにしまい込むと、楽しみごとに恵まれづらくなります。

旅行カバンや趣味の道具は、たとえすぐには使わなくても、収納の手前側に置くよう心がけましょう。

玄関や廊下に動く物は置かない

ただし、レジャー用品を玄関や廊下など、気の入口に置くのは禁物です。

よく、玄関にゴルフバッグやスノーボードなどを置く人もいるようですが、これはやめてください。気の入口に〝動く物〟を置くと、住空間に入ってくる運気をシャットアウトしてしまうばかりか、ケガやトラブルの原因となってしまいます。くれぐれも注意しましょう。

レジャー用品はこれで運気アップ!

アンラッキーな部屋とは?

散らかった部屋や、暗くジメジメとした部屋には幸運は訪れません。

雑然とした部屋は、不要な物を処分して片づければよいのですが、問題なのは日当たりが悪く湿気のこもった部屋。

日当たりが悪い＝「陽」の気が足りないということ。風水では、よい気は「陽」の気に触れることで増え、「陰」の気に触れると消滅するとされますから、日当たりの悪い部屋は〝運気の増えない部屋〟といえます。

これを改善するためには、まず、部屋のライトを明るくして、空間に「陽」の気を吸収させることと、風通しに気をつかうことが大切。ライトを太陽の代わりにして、できるだけ明るい空間づくりを心がけましょう。

アルバムを整理すると「時」の運気が強くなります

古い物から順に立てて収納する

アルバムや写真は「時」をつかさどるアイテム。

常にきちんと見られるように整理することで、自分の積み上げてきた「時」の運気が強くなり、この先の運気を強力にサポートしてくれるラッキーアイテムとなります。

写真はバラバラにしまっておくのではなく、きちんとアルバムに整理しておくことが何より大切です。

また、アルバムを積み重ねて収納するのは厳禁。自分の過ごしてきた「時」が止まり、現在の自分の運もとどこおることになります。アルバムは、きちんと立てて収納しましょう。古い物は向かって左側から、新しい物は右側に収納します。

その際、自分の目線と同じくらいの場所に収納すると、この先の運気が活性化していきます。

不要な写真はどうやって捨てる?

不要だったり、あまりよくない思い出がある写真は、処分してしまって問題ありません。他のゴミと一緒にしないように注意すれば、後は普通に捨ててかまいません。

また、写真を破って捨てるときは、人物の体を破らないように注意してください。

特に自分や家族の写真の場合、体を破って捨てると健康に影響が出ますので、くれぐれも避けるように心がけましょう。

書籍や雑誌は〝読む情報〟必要な物だけを残しましょう

読まない本や雑誌は「時」に鈍い体質をつくる

自分が好きな本や繰り返し読む本など、取っておきたい物は別ですが、あきらかにもう読まない本や古い雑誌は、思い切って処分するよう心がけましょう。本や雑誌は「木」の気をもつ物。「木」の気は発展や情報などの運気をつかさどるため、自分にとって必要な情報と必要のない情報をきちんと分けていくことが、運の強い体質をつくることになります。

特に古い雑誌をため込むのはNG。雑誌は流行に関する物。古い雑誌をため込むことで、「時の運」、すなわちチャンスに弱い体質をつくることに。また、「木」の気がよどむため、特に女性の場合は若さが失われ、男性の場合は仕事運の低下につながります。必要な情報だけを切り取り、ファイリングしましょう。

書棚にしまう場合は巻数順に並べる

書棚に数巻シリーズの書籍をしまう場合には、1巻から順を追って並べましょう。数字には「木」の気がありますので、順を追うことで、時間を有効活用し、発展していく運気を得ることができるためです。

また、目に見えるところに本を置いたり、オープンな書棚を使っている場合、自分の目線に当たるところに、ステイタスを表すような本や、将来なりたい自分を示すような本などを飾りましょう。

美しくなりたい人の場合、ダイエット本などを置いても効果的ですし、仕事で成功したいなら、成功した人物の著書などを並べるのも◎です。

乱雑に本が積み重なっているような状態は、自分の運をつぶしていくことになります。くれぐれも注意を。

チャンスに強い靴は気のバランスがよい下駄箱から

靴をきれいにしておくと運のよい人になれる

靴は、自分を運のいい場所に連れて行ってくれるアイテム。毎日いろいろな場所を歩くため、さまざまな運を吸収していますから、幸運にめぐりあうためには靴の環境を整えてあげることが大切です。

まず、下駄箱を見て、3年以上履いていない靴を処分しましょう。古い靴には「陰」の気がこもっていますので、運のよい場所へは導いてくれません。

また、履かない靴は出しっぱなしにせず、きちんと下駄箱にしまいましょう。玄関に家族の人数分以上の靴を出しておくと、家に入ってくる運気を、靴が踏みつぶしてしまうことになります。特に、ご主人の運や、その家の女性の縁に関する運気に影響を及ぼしますので、履かない靴は必ずしまう習慣を身につけましょう。

下駄箱に入り切らない靴はクラフトやラタンの箱にしまって見栄えよく収納を。プラスチックの収納箱は靴のもつ運気を燃やしてしまうので避けましょう。

サンダルやミュールは上にパンプスは下に置く

下駄箱にも、気のめぐりのよい収納法があります。まず、流行の靴や新しい靴は、発展を表す「木」の気に属しますので、できるだけ上のほうに収納し、「土」の気の強い定番の靴は、土台となる下のほうに収納すると、下駄箱の中の気が安定しやすくなります。

女性の場合、サンダルやミュールなど軽やかな印象の靴は上段に、パンプスやきちんとした印象の靴は下段に収納を。男性の場合はスポーツシューズなどカジュアルな印象の物は上、革靴などしっかりした印象の物は下のほうにしまいましょう。

運気がアップする靴の収納法

流行の靴は上に、定番の靴は下にしまうと、気のバランスがよくなります。

下駄箱に入り切らない靴は、ラタンの箱などにしまいましょう。リボンを結ぶと、よい縁に出会うチャンスが高まります。

靴は、それぞれの特性にあった収納をしてあげることで、靴のもつ運気が発揮されやすくなるのです。

男性の靴は下に 女性の靴は上にしまう

男性の靴と女性の靴を一緒に収納する場合、女性の靴を上のほうに、男性の靴は下のほうに収納しましょう。また、お子さんの靴はいちばん上に、祖父母がいらっしゃるなら、お父さんよりも下の棚に収納を。

下駄箱の中は、一段ごとに炭などを置いて、靴にこもる悪い気を清浄化させるよう心がけましょう。

靴磨きの道具は、下駄箱の中段よりもちょっと下か、あるいは下から2段目の棚に置きましょう。

「運のよい靴」をつくることが、「運のよい自分」をつくることにつながります。

汚れたり、古くなった靴を履いていると、チャンスに弱い人になりますので、くれぐれも注意しましょう。

One More

買ったときの箱はNG!

靴を、買ったときの箱のまま収納するのはNG。バラバラの箱だと、家族それぞれが勝手な方向に歩き出すことを意味します。使うなら紙を貼るなど統一感を出して。

Advice

ゴチャゴチャした洗面所は女性の美を損ないます

洗面所でのお化粧は華やかさを失うことに

こまごまとした小物などで、洗面所はつい雑然としてしまう場所なのでは？

女性の場合、洗面所の印象は、そのまま自分のイメージとなってしまいます。常に清潔ですっきりとした状態を保つよう心がけましょう。

また、洗面所でメイクをすると、美しさをつかさどる「火」の気が「水」で消され、美しさや華やかさが失われます。スキンケアなど肌に関することは「水」の気を整えることになりますので問題ありませんが、メイクをするのは避けましょう。

また、歯ブラシを出しっぱなしにすると、金運ダウンにつながる可能性が。「歯」は「金」の気をもつ物。出しっぱなしにして目に触れることで、金運が消耗していきます。できる限り扉の内側などに収納し、無理な場合は陶器の歯ブラシ立てを使いましょう。

One More Advice

古い化粧品は処分！

使い切らずに残った化粧品は思い切って処分しましょう。古いということは「陰」の気が入ります。そのような化粧品を使っても美しくはなれません。

トイレの収納は布などで隠しておきましょう

上のほうにたくさん収納すると健康運に影響が出る

トイレは「水」の気が強い場所。「火」の気をもつ、プラスチックの収納箱は、特に使わないよう心がけてください。

トイレ収納にはカゴのボックスを使ったり、収納している物が目に触れないよう、布などでセンスよく隠しましょう。

また、突っ張り棒などで棚を吊って収納スペースをつくる方もいらっしゃるようですが、トイレの上にあまりたくさんの物を収納するのはおすすめできません。

空間の上のほうが重くなると、気が下のほうにこもることになります。さらに「水」の気は下にたまる性質がありますから、気がよい意味で循環せず、健康運に悪影響が出るためです。

どうしてもという場合には、壁と同系色のカフェカーテンなどで隠し、印象が重くならないよう工夫してみましょう。

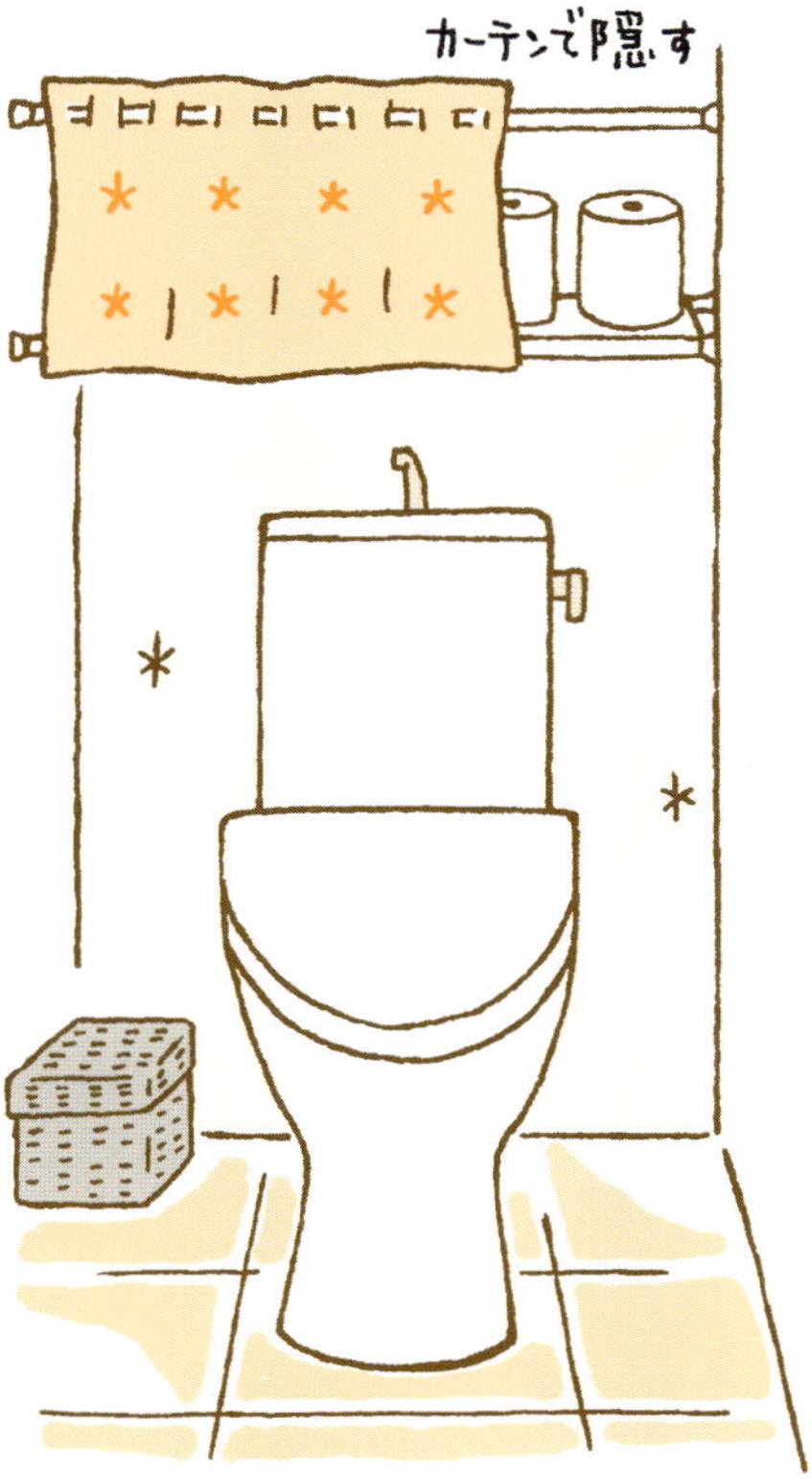

運がよくなる!

便利な収納グッズの使い方

最近はいろいろな収納グッズが販売されており、カラフルで楽しい物も多く出まわっています。ここではそれらの“運がよくなる使い方”を紹介しましょう。

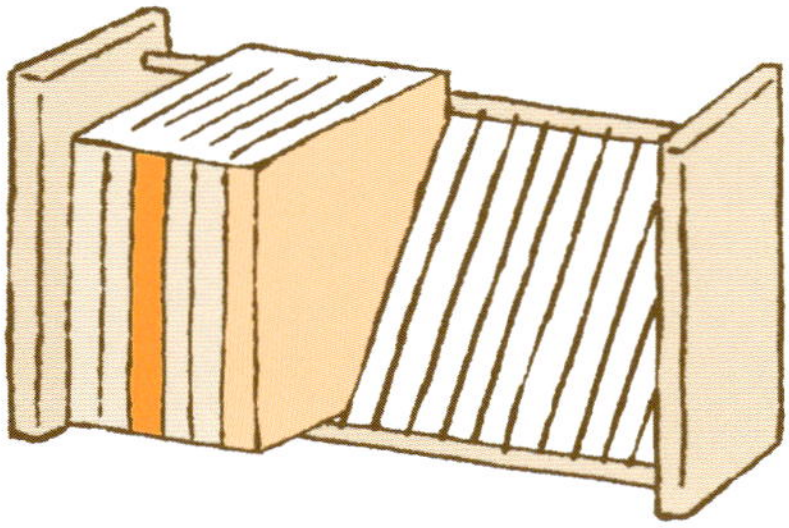

CDラックはTVから離して置く

CDやDVDなどはTVから離して置きましょう。CDを収納するラックや箱は、カゴでも、木でも、スチールでもOKです。CDは積み重ねるのではなく、立てて収納しましょう。

キャスター付きのチェストは本や雑誌の収納に

動く家具は、「木」に属する物と相性がよいので、布や本、雑誌を収納するのに向いています。ただし、キッチンで食品を収納するのはおすすめしません。動くことによって金運をため込みづらくなります。

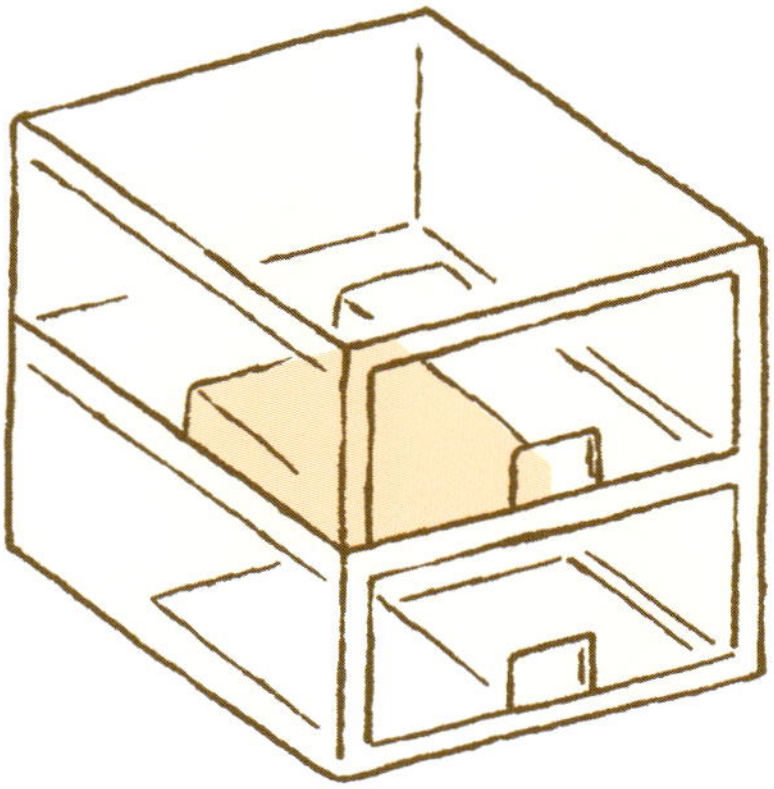

スケルトンのグッズは多用しないこと

スケルトンの素材は悪い意味での「火」の気が生じますから、基本的にはおすすめしていません。中が見えると便利かもしれませんが、収納とは本来、隠すもの。スケルトンのグッズをたくさん置くと、その空間の気は乱れてしまうのです。

スチール製のラックはカゴとの相性がとてもいい

スチール製の棚は光を集めます。「火」の気をもつので、「木」に属するカゴとの相性が◎。カゴに収納した物は、カゴのまま出して使っても違和感がないので便利です。スチールラックは水で流せてカビも生えにくいので、お風呂場などにも向いています。

カラーボックスは布などを掛けて

カラーボックスは万能の収納家具ですが、そのまま使うのはあまりおすすめしていません。カラーボックスは役目をはっきりさせてあげることが、幸運を呼び込むポイントです。いろいろな物をゴチャゴチャと入れるのは避けましょう。籐のカゴを入れて、カゴにリボンを結ぶ、または上から布を掛けて中を見えないようにするなどの工夫をしましょう。

Column

物置やガレージも整理整頓しましょう

物置は、どこに何が入っているかを把握することが大切。そのための棚やボックスなどを工夫する必要があります。

収納ボックスは統一感があるもので、何が入っているかわかるようラベリングをしておくのが◎。重たいものは下、軽いものは上になるよう収納するのがポイントです。

物置とはいえ、いらないものを収納しておくと家の運気が重くなり、住む人の運気が停滞することに。定期的に見直して、いらないものがあれば処分するよう心がけましょう。プラスチックボックスは、たとえ物置の中であっても使わないのがベストです。

また、ガレージに物を置く場合は、ラックなどで効率よく物を置くよう心がけて。特に、段ボール箱のまま物を置いておいたりするのはNG。箱を詰め替えるなど、統一感のある収納がおすすめです。

物置同様、プラスチックボックスは使用しないで。プラスチックボックスを使ったり、ガレージの収納がゴチャゴチャしていると、事故やトラブルが起こりやすくなります。くれぐれもご注意ください。

Chapter 5

願いをかなえる風水収納Q&A

物の収納法ひとつで運気は変わります。ここでは、
皆さんから寄せられた風水収納に関する質問について、お答えします。
風水は、自ら行動することで幸運をつかむ学問。
風水収納を実践して、欲しい運気を呼び込みましょう。

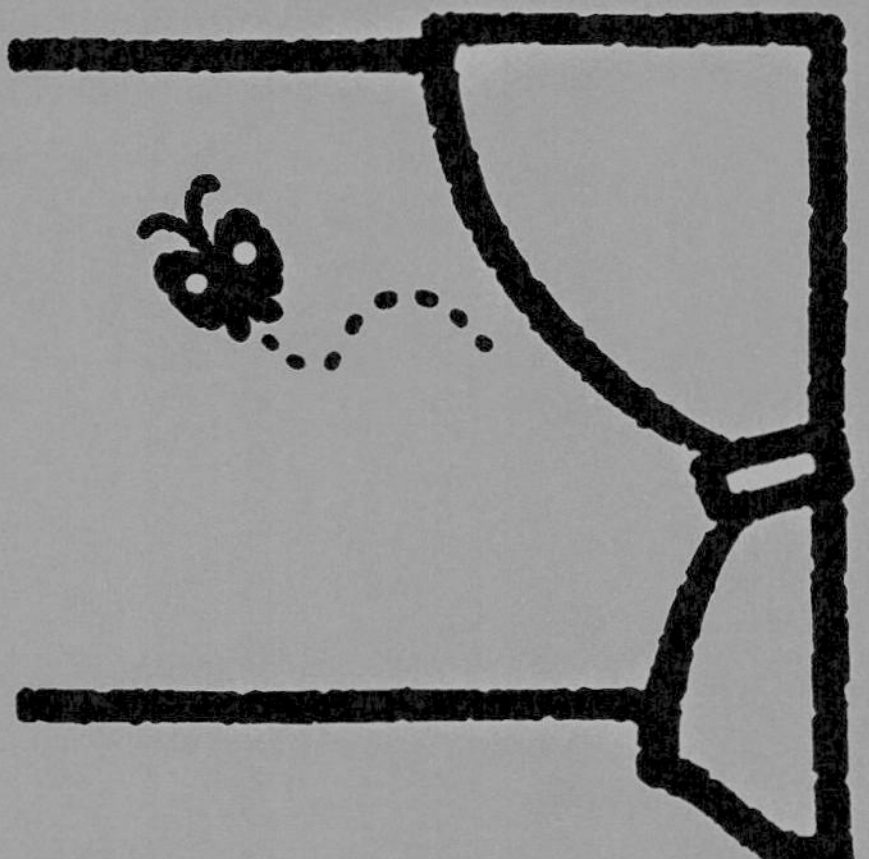

Question

やせてキレイになりたいです。収納を利用して、無理なくやせる方法はありますか？

Answer

ダイエットやビューティー運アップのためには、収納の中にいらない物がないかどうかが、とても重要なポイントになります。

いらない物をため込むと、空間に「陰」の気がまわり、そうした環境で生活することによって、体の代謝も悪くなってしまいます。

美しくなりたいのなら、まず、家の中の不要な物を整理することから始めましょう。

特に、雑誌や書類などの紙ゴミや、雑貨類の整理には気を配って。紙ゴミがたまると、体を動かす気力が失われ、若さや美しさ、活力が奪われます。

使わない雑貨類は、気に入った物だけをとっておき、その他の物は処分するよう心がけましょう。

また、見せる収納はダイエットに有効です。

お部屋のオープンラックに、センスよく雑貨や生活用品を飾ってみましょう。体の代謝が上がり、ダイエットやビューティー運アップに効果的ですので、ぜひお試しを。

Question
いま付き合っている彼ともっと親密になるには彼の写真やプレゼントをどこにしまえばよい？

Answer
47

彼と付き合い始めてまだ日が浅い場合は、ラタンやストロー素材など風通しのよい収納箱に入れて、寝室の東南方向か、窓の近くに置きましょう。風通しのよい場所に置くのがポイントとなります。

また、オレンジなど柑橘系フルーツの香りを周囲に漂わせると、さらに効果的です。

お付き合いが長いのであれば、木製やクラフトの収納箱に入れて、北方位か、日の当たらない場所に置きましょう。

北は愛情を深めてくれる方位であるため、北にチェストなど収納家具がある場合は、その中にしまいます。

周囲にローズやピーチ、ラベンダーなどの香りを漂わせると、彼とより親密な仲になれます。

Question 彼がなかなかプロポーズしてくれません。婚活を成功させる方法を教えてください

Answer

基本的に「待つ」姿勢でいる限り、相手が自分の望む言霊を与えてくれることはありません。プロポーズをして欲しい気持ちがあることをきちんと相手にわかるように示すことも大切ですよ。

まずは自分の希望を伝え、それについてどう思うかを相手に聞いてみるなど、意思を表示するよう心がけて。

そのうえで、相手から望む言霊、特に縁に関する言霊を引き出そうとする場合、家の中にある「光るもの」をチェックすることが重要です。

たとえば、鏡、ガラスの花瓶、ガラスの置物など、光るものをピカピカに磨くことはもちろん、鏡や花瓶などの不用品を整理することが大切です。

特に不要なコスメグッズ（鏡付き）があると婚活がスムーズにいきませんので、くれぐれも注意してください。

メイクをしている鏡だけではなく、洗面所の鏡、バスルームの鏡、コスメについている鏡、ラインストーンがついているグッズなど、家の中の「光るもの」をチェックすることから始めてみてください。

Question 幸運になれるようなジュエリーのしまい方を教えてください

Answer

ジュエリーは「金」の気をもつ物。「金」の気は「土」の中で生じ、「水」で増えるといわれますので、ジュエリーをしまう場所は、土の中のように暗い場所や、「水」の気をもつ北方位、また、同じ「金」の気をもつ西方位、北西方位に置きましょう。

ジュエリーボックスは木製や金属製の物を使って。プラスチックケースは「火」の気が強く、ジュエリーのもつ運気を燃やしてしまうため、できるだけ避けましょう。

普段使いのジュエリーはジュエリースタンドに掛け、ベッドサイドやドレッサーまわりに置いておくと、華やかなイメージをもつ女性になれます。

また、普段使いのジュエリーを陶器のプレートや香炉の中に置くようにすると、金運や豊かさに恵まれるようになります。

Question

洗面所やお風呂場にコスメ用品がいっぱい！風水的にNGだと聞きましたが……

Answer

洗面所に置くコスメは、スキンケア、ヘアケア用品だけにするのが、美しさのためにはおすすめ。

洗面所は水まわりです。「水」は、美しさをつかさどる「火」を消してしまいますので、毎日、洗面所でメイクをすると、美しさや華やかさが消耗してしまうことになるからです。

ただし、肌や髪は、風水的に「水」の気に属するパーツ。よって、肌や髪に関する物は、水まわりに置くことで、運を与えてくれる物になります。

そうはいっても、水まわりをゴチャゴチャさせていると、それがそのまま自分の容姿の印象になってしまうため、注意が必要。洗面所に置くコスメはカゴなどに入れて、見た目よく収納しましょう。

また、バスグッズなどは見た目のよい収納グッズを使って、ゴチャゴチャしないように整頓を。バスルームには、使う物だけを置くように心がけましょう。

Question

最近、金運に恵まれません。金運がアップする財布の置き場所を教えてください

Answer

財布は落ち着いた場所を好みます。バッグに入れっぱなしだったり、目につくところに置いておくと〝お金が出ていくばかりの財布〟になってしまうことに。

いちばん注意したいのが、「火」の気をもつ電化製品の上や近くに、財布を置いておくこと。「火」が「金」を燃やしてしまうため、金運に恵まれない財布となってしまうのです。また、キッチンに財布を置いておくと、もって生まれた金運がすり減ってしまうので、くれぐれも注意しましょう。

財布は、寝室の北側の面に置くのが理想的。引き出しや収納箱の中に置くと、さらに金運がアップします。目線より低い場所に置くよう心がけてください。北側に置けない場合は、西側でも問題ありません。

また、財布の寿命は3年です。3年を過ぎた物は金運を生み出しませんので処分を。捨てるなら黒い紙袋に入れて雨の日に。

Question
金運がピンチなので宝くじを買いました。どこに置くといいでしょうか？

Answer

まず、知っていただきたいのは、宝くじが当たるのは、運のいいときではなく、逆に〝運気が落ちているとき〟だということです。

風水の考え方では、宝くじなどで大きなお金がもたらされるときは、少なからず「悪い意味で運気の変動を受ける」とされています。

宝くじに当たった場合は、その当たったお金を少しでも寄付したり、周囲の人にご馳走したりと、自分だけで独占しないよう心がけましょう。

とはいえ「宝くじに当たってみたい」と思わない方はいませんよね。では、宝くじを買ったときの、運のいい収納法をお教えしましょう。

宝くじを収納する場合、女性と男性では置く場所が変わってきます。

女性の場合は、ピンク系の布か和紙にくるんで、自分の腰より低い位置に収納します。その際、人目に触れない場所を選びましょう。また、ゴチャゴチャしたところでは逆効果となりますから、ご注意を。

一方、男性の場合は、自分の目線より高い位置に、白い封筒や布などに包んで置いておきます。

男性なら人目につく場所でも問題ありませんが、周囲にほこりがたまっていないかどうか、チェックしてください。

仏壇の中や周囲に置く方もいらっしゃるようですが、これはもっとも家運を落とす収納法。神棚に置くのもNGです。

仏壇や神棚には、余計な物を置いておくだけで金運ダウンになります。くれぐれも注意してください。

Question 転職したいのですが、転機が訪れるような収納法などはありますか？

Answer

よい転機が訪れるようにするには、家の中の高いところの収納に気を配りましょう。

変化の気は、高いところにあります。高いところに不要な物が詰まっていたり、ゴチャゴチャしていたりすると、その環境によい意味での変化が訪れなくなってしまいます。特に、不要な本や食器、衣服がないかのチェックを。

また、即効性を求めるならば、下駄箱の中にも気を配りましょう。

履かない靴が多い場合は、変化の気をキャッチできない人になります。古くなったり、履かないと思う靴は、思い切って処分するよう心がけてください。

また、一時的に新しい靴を中段より下に、古い靴を中段より上に収納しておくと、よい変化が起こりやすくなります。

Question

資格試験のために勉強しています。受験票はどこに置けばよいでしょうか？

Answer

受験票は、可能であれば、勉強をするときに自分の目に触れる場所に置きましょう。受験票を見ながら勉強することで、実際の試験のときに記憶が戻りやすくなります。

また、男性の場合は木の箱やコットンのハンカチの上に、女性の場合はラタンなど風通しのよい素材か、和紙の上などに置いておくと、さらに効果的です。

参考書は、机に向かって右側に、ブックエンドなどを使って立てておきましょう。積み上げておくと、試験のときに実力を発揮できなくなるので、これは避けてください。

書棚にしまう際には、自分の腰の位置よりも少し高い場所に収納を。あまり低いところに置くと、せっかく覚えたことを忘れやすくなりますから、注意しましょう。

Question 昇格したいです。仕事用のバッグや名刺入れなどはどのようにしまえばよいですか?

Answer

バッグは「行動力を表すアイテム」と風水では考えます。

出世や昇格を望むのであれば、バッグの中の収納だけではなく、バッグ自体の収納も大切。

持ち歩くバッグには余分な物を入れず、できるだけ軽くしておくことが、行動力アップのポイントです。

バッグの中にノートパソコンを入れて持ち歩くのは、仕事運にはマイナス行為。仕事上、どうしても必要なら話は別ですが、そうでない場合はバッグを重くして、行動力が低くなってしまいます。タブレットPCを代用するなど工夫しましょう。特に、携帯電話やキーケースがすぐに取り出せないバッグは、チャンスに弱い状況をつくり出しますので注意しましょう。

バッグをしまっておく際の注意点は、〝床に直接置かないこと〟です。フックに掛けたり、収納棚を使用するなら、自分の腰の位置よりも上のほうに置くよう、心がけてください。これはオフィスでも同様です。

また、名刺入れは「自分の地位を表すアイテム」。きちんとした印象を与える物をもちましょう。

名刺入れの中に、いつまでも他人の名刺を入れっぱなしにしておくと、その人の運気に影響してきます。自分よりも下位の人や、あからさまに運気が悪いと思われる人の名刺は、いつまでも名刺入れに入れておかないよう注意しましょう。

反対に、たとえば、自分よりも地位が上だったり、偉い人の場合、1週間くらいは名刺入れの中に入れておき、その後ファイルするなどの工夫をしましょう。こうすると、名刺入れがその人の地位や運気を覚えるため、自分の地位の向上には大変有効です。

名刺入れはバッグの中に入れたままでも問題ありませんが、運気を得るためには、東方位に鈴やオルゴールなど、音の鳴る物と一緒に置いておきましょう。

Question
職場に苦手な人がいます。人間関係がよくなる風水を教えてください

Answer

人間関係は「風」の気から生じます。「風」の気をとどこおらせる原因は、足元。

苦手な人間関係は、足元が重くなることでより悪い気をとどこおらせてしまいます。

まずは、職場のデスクの下や、収納の一番下の部分を見直し、不要なものがないかチェックしてみましょう。

また、自宅では、いらない靴、タイツやストッキング、靴下など、足回りの整理を心がけて。

特に、不要な靴は、自分にとって不要な人間関係をつなげてしまう運気があります。

これは、古い靴だけではなく、「新しいけど、履きづらくて履いてない、でもなんとなく捨てられない靴」も含まれます。また、そういう靴は、新しい出会いのチャンスも潰してしまうため、人間関係だけではなく、縁全般の運気をとどこおらせてしまいます。くれぐれもご注意を。

また、タイツや靴下、ストッキングの収納をルール通りにキレイにすることも人間関係改善に効果的ですよ。

また、これは少し裏ワザ的になってしまうのですが、どうしても、苦手な人と離れたい場合は、ピカピカに磨いた小さなミラーを相手に向けて置くのがおすすめ。

特に八角形のミラーが◎なのですが、普通のミラーでも問題ありません。

相手にわからないように、相手のほうに鏡の面を向けて置いてみてくださいね。

Question
ただいま妊活中です。子宝に恵まれやすくなる風水が知りたいです

Answer

子宝は「土」の気から生じると風水では考えます。また、子宝に恵まれづらいことには「水毒」も関係しています。

この「土」と「水」の気を清浄にすること、整えること、豊かにすることが子宝のためにはとても重要。「土」の気の場合、家全般、特にリビングスペースや座る環境、家の四隅、床などが大切です。

床掃除をする、床に物を置かないなどを心がけ、ゆったりと座れる環境をつくることはもちろん、リビングスペースの四隅にぎゅうぎゅうに物を詰めていないかをチェックしてください。

また、清浄な空気が子宝をもたらします。空気の入れ替えはもちろん、空気清浄機などを使って、家の中をキレイな空気で満たすよう心がけましょう。

「水」に関するスペースですが、子宝のために特にチェックしたいのはトイレと寝室です。

トイレには、トイレ用品以外は収納せず、また、雑菌などが繁殖しないようマメなお掃除を心がけることを忘れずに。

寝室は、風水では「水」の空間と考えます。子宝のためには、寝室に物がありすぎるのが特にNGです。寝室の収納など、不要なものを置かないよう心がけましょう。

また、寝室に「スポーツ」に関するものがあるのも注意が必要です。

腹筋台やランニングマシーンといった自宅でできる運動器具など、「動」の気に属するものは寝室には置かず、他の部屋に置くよう注意して。

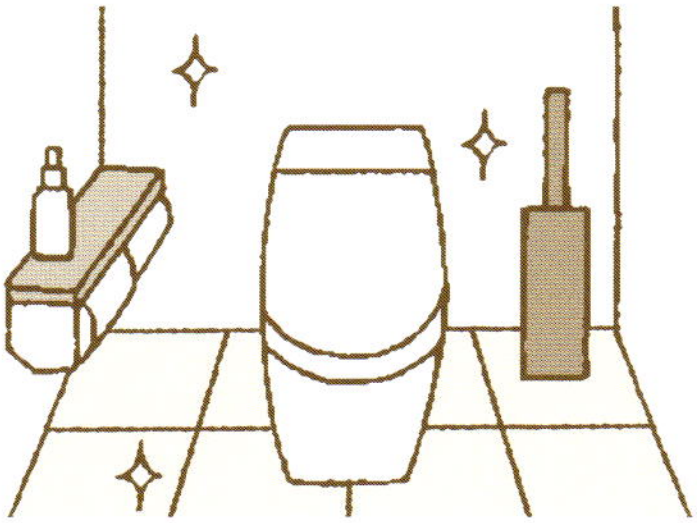

Question
子どもが元気で賢く育つために子ども部屋の収納方法を教えてください

Answer

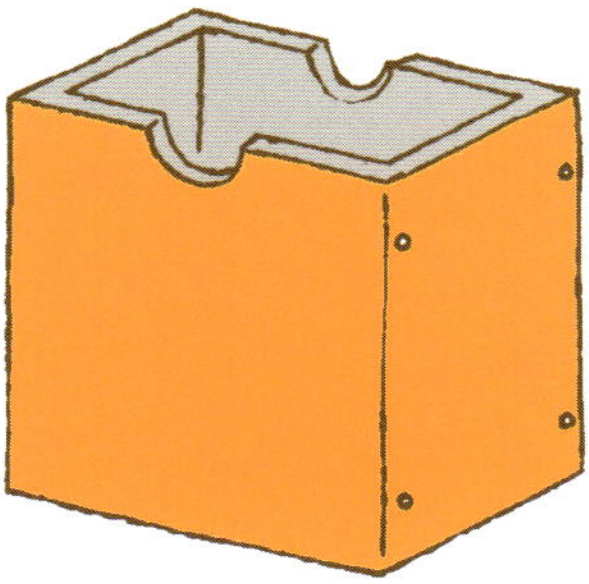

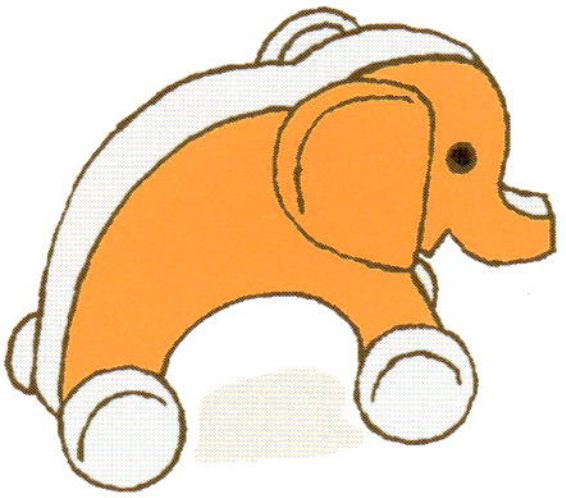

子ども部屋の収納は、お子さんの運を大きく左右します。まず、おもちゃや衣服などの収納箱に、プラスチックを使うのは極力避けましょう。

風水では、子どもは「木」の気をもつ存在とされています。プラスチックは悪い意味での「火」の気をもつ素材ですので、多用すると、お子さんの運気を燃やしてしまう可能性があるのです。

子ども用品の収納箱は、カゴなど風通しのいい物や、木製、クラフト製の物を使いましょう。

また、マンガなど勉強に関係のない本は、本棚の奥のほうにしまったり、布などを使って見えないように収納し、勉強に関係のある本などは、きちんと整理して常に目に見える位置に収納します。こうすると、勉強嫌いな子に育ちません。

勉強机を使うならば、目の前にゴチャゴチャといろいろな物を置いたり、おもちゃやぬいぐるみを置くのはNGです。また、勉強用の本やノートはブックエンドなどを使って、きちんと立てて収納しましょう。

子ども部屋をゴチャゴチャした状態にしておくと、お子さんの学力に影響が出たり、ちょっとしたケガなどの原因となります。親御さんが常に注意してあげることが大切です。

Question
家の中で小型犬を飼っています。ペット用品の置き場所で、特に気をつける点はありますか？

Answer

ペット用品の中で、みなさんが特にお困りなのは、トイレの置き場所ではないでしょうか？

空間に漂う香りは、自分自身の運気に大きく影響しますので、ペットのトイレはさまざまな意味で注意が必要になります。

ペットのトイレは、そこから生じる悪い気を遮断するため、扉のある場所、たとえば洗面所やトイレなどに置くのが理想的です。

スペースの問題で、リビングなどに置かなくてはならない場合、できる限りの消臭を心がけ、また、小さなパーティションなどを使って、トイレが自分の目線に入らないよう工夫してください。

キッチンやダイニングなど、「食」に関する場所や、気の入口である玄関には置かないよう、くれぐれも注意しましょう。

また、ペットに関する物は、家の西～北西方位にある収納庫には置かないほうが無難です。

西は豊かさを、北西は主人の運気をつかさどる場所です。ここにペット用品を置くことで、その運気がペットのほうへ向かってしまうためです。

ペットに関する物は、ラタンなど通気性のよいカゴか、クラフト製の収納ボックスに入れて収納を。これでペットが元気でいられるようになります。

また、愛犬家の方に注意していただきたいのが、玄関に犬をモチーフとした物を置くことです。

玄関に犬モチーフの物を置くと、悪い意味での変化が生じ、ケガやトラブルの原因となります。玄関以外の場所ならば、まったく問題ありません。

Question 家族みんなが常に元気でいられるような食材や食品の収納方法はありますか？

Answer

食料品の収納に関して、いちばん気を配っていただきたいのは「賞味期限」です。

賞味期限を多少過ぎても、食品によっては特に問題なく食べられることもあります。しかし、風水では「時が過ぎた物」は「運のない物」と見なします。食品はできるだけ賞味期限内に召し上がるよう、心がけてください。

ただし、食品を冷凍する場合は「時が止まる」と考えるため、特に問題はありません。

また、健康のためにはオイルや塩など使用頻度の高い調味料の収納が、とても大切なポイントになります。

調味料は、シンク下など「水」に近い場所よりも、ガス台の下など「火」に近い場所に収納しましょう。

特にシンクの下に調味料を置くと、食料品のもつ生命の「火」の気を、「水」の気が消してしまいます。健康に影響が出る可能性がありますので、調味料はガス台の下など、できるだけシンクから離して収納するよう心がけてください。

また、冷蔵庫の中をゴチャゴチャとさせておくと、女性の場合は下半身などの病気に、男性の場合は内臓疾患などに悩まされる恐れがあります。

冷蔵庫内にはどんな食品が入っているのか、きちんと自分で把握できるよう工夫しましょう。

特に、チルド室などで肉と魚がゴチャゴチャにならないよう注意してください。

肉のもつ「火」の気と、魚のもつ「水」の気が一緒になることで、バランスが崩れ、体調にも悪影響を及ぼしやすくなるためです。肉は、チルド室の向かって左側、魚は右側に置くと、バランスのよい状態を保てます。

Question
実家に物があふれていて、げんなりします。どうすればはかがどるでしょうか？

Answer

ご実家の整理収納は、皆さま頭を悩ませている問題だと思います。

もちろん、ご実家のご両親も一緒になって「片づけよう！」と思ってくださるのがベストですが、そうもいかないケースがほとんどです。

ご性格にもよりますので、すべての方がというわけではないのですが、人は、歳を重ねると、「物」に執着するようになります。自分の居場所をキープするための防衛本能のようなものかもしれません。

ですので、「捨てないとダメだよ！」とか「どうして片づけないの！」など、ご両親を責めるような言霊は厳禁。そうすることで、硬くなった心がさらに固まり、片づけが進むことはありません。人にはゴミにしか見えなくても、ご両親にとっては大切な思い出の品だということを考えてみることも大切です。

ですが、風水的な話をさせていただくと、歳を取れば取るほど、空間には古い物はないほうがよく、新しい物の気で満ちた空間で過ごすことが大切。

そこで、「捨てよう！」ではなく「もっといい物に変えよう！」などの提案や、思い出の品などは、一度その思い出について話した後で「いい思い出だけど、もうお役御免かもね」などと、ねぎらいの言霊をかけて処分するよう促すことも大切です。

片づけも、いっぺんに行わず、洗面所など狭いところから少しずつ始めるのもおすすめですよ。

また、物をバラバラにせず、できるだけ一箇所に寄せたり集めたりして、「広いスペース」を体感することで「捨てる」意識が生まれることもあります。

ご両親も、捨てなくちゃいけない、片づけなきゃいけない、ということはわかっているのです。そのきっかけをつくってあげることが片づけをスムーズに進めることにつながりますよ。

Question
親の介護や自分の体調管理に悩んでいます。健康にまつわる運をアップさせたいです

Answer

健康は「土」の気から生じると風水では考えます。健康のために一番にやるべきことは、収納の大改善。健康に関わる「土」の気は、物を「納めておく場所」から生じるからです。

クローゼットや押し入れ、引き出しの中、キッチンや洗面所の収納など、少し大掛かりになりますが、収納の使い勝手を大幅に改善することをおすすめします。

特に大切なのは、「ストレスのない収納」。

物の位置がしっかりとわかり、必要な物を必要な時に出せるなど、自分なりに使い勝手をしっかりと考えて収納を見直しましょう。

もちろん、不要なものを処分することも大切です。

特に、介護が必要な方の家の場合、どうしても物が多くなり、家の中がゴチャゴチャとしてしまいます。

介護に必要な物はすぐに取り出せる、または目に見える位置に置き、その他の物は処分するなど、「要、不要」をしっかりと考えることが大切です。

また、古くて不要なものは、特に健康の気を害し、生命力を奪ってしまいます。

収納の奥底にいらない「古い物」がないかを常にチェックしてください。

健康のためには、ミニマリストほどではないにしても、いらないものを捨てて、本当に必要な物と自分と家族の心が豊かになる物だけで生活するよう心がけることが大切です。

Question 掃き掃除や拭き掃除をロボットに任せていたら運のいい人になれないでしょうか？

Answer

誤解があるようですが、お掃除は、「心を込めて、自分の手でやるべき」などということはまったくありません。

もちろん、思い出の品を扱ったり、こだわりのある場所のお掃除や処分などのケースは別ですが、基本的に便利に使えるものは何でも使うべき。

特に、ロボット掃除機は、常に清浄な空間を維持するためにもとても効果的。また、拭き掃除もしてくれるロボット掃除機は、空間を清浄化してくれるありがたいツールです。

積極的に使って、常に清浄で、運気を生み出す空間づくりに役立ててください。

また、最近は、お掃除サービスやメイドさんの派遣サービスなども安価で流通しているようです。

自分でできる方はさておき、片づけに苦労している方は、一度このサービスを利用してみることをおすすめします。

空間は、一度清浄にすると、その気を覚えます。お掃除サービスなどで清浄な空間を何度かつくり、その気を空間が記憶することで、散らかりにくい空間になっていきます。

要は、散らかっていない環境を、できるだけ長く維持して、空間に記憶させることが散らかりにくい空間づくりには重要なのです。

「自分でなんとかしなくては！」という思いは一度捨てて、便利なサービスを利用してみるのも、運気のためには大切ですよ。

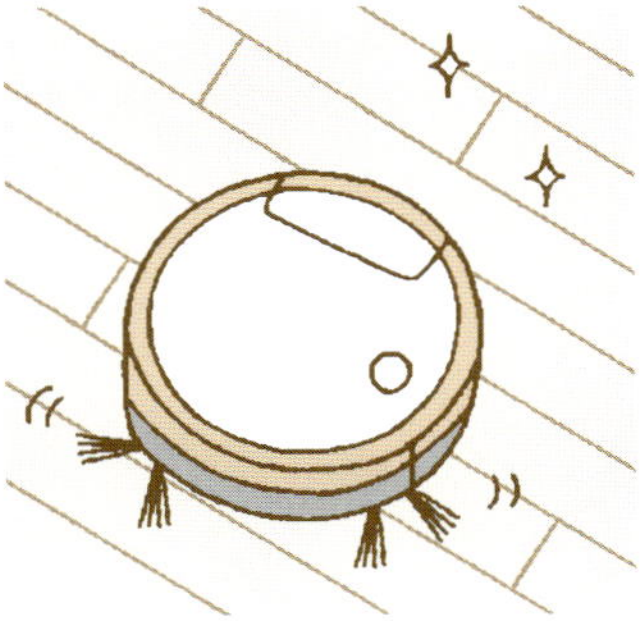

Column

物を詰め込む収納はおすすめしません

“狭いスペースにどれだけ物を詰め込むか”のテクニックを競うような収納は、風水的にはあまり感心しません。

もちろん、収納勝手をよくすることは、運をためるうえで大切な要素です。しかし、それ以前に、まず生活の中で必要な物と不要な物とをしっかりと見極めて処分することが、運気を築くうえで重要だと思うからです。

テクニックを駆使した収納を行っても、その物をあまり使わないようでは、収納しておく意味がありませんよね？

そういう点からも、狭いスペースにどれだけ物を詰め込むかではなく、“どれだけシンプルな空間で豊かに暮らすか”を考えたほうが、運の代謝のよい家になるのではないでしょうか。

風水では、収納スペースは「運をためておく場所」と考えます。使わない物、いらない物を収納しておくと、運をためられない家になってしまいます。

もう一度、収納を見直して、不要な物を処分するよう心がけましょう。

Chapter 6

お掃除で運気アップを！

気は清浄な空間を好みます。不要な物を処分して
汚れを落とすことで、気の代謝がよくなるのです。
自分の運気を一転させたいのなら、お掃除をしてみましょう。
気の流れに変化が生じ、空間に新鮮な旺気が満ちてきます。

空間をキレイにするとその人に運が流れてきます

汚れを落とすと運の代謝がよくなる

風水では、空間を清浄化すると、その場所の運気が清浄化した人に向かって流れてくるとされています。「気」は、目には見えませんが、その空間をクリアにした人に反応します。そのため、新鮮な旺気《おうき》が空間を片づけた人に向かって流れてくるのです。

この法則を上手に使うと、自分の欲しいと思う運気をカンタンに補充することができます。

たとえば、「キレイになりたい」「恋愛運をよくしたい」と思うならば、バスルームや洗面所、トイレなど、水まわりをお掃除してみましょう。

「水」の気は女性らしさをつかさどり、肌や髪をキレイにする作用があります。また、愛情をもたらす作用もありますので、水まわりをクリアにすることで、女性らしくなり、恋愛体質になることができるのです。

金運が欲しいのなら金運をつかさどるキッチンを、家庭運なら土台を表すリビングをお掃除しましょう。

空間の汚れを落とすことで、空間の運の代謝が高まり、とどこおっていた運気が流れるようになります。

楽しみながらお掃除するとより運気が上昇する

ただし、せっかくお掃除をしても、イヤイヤやっては意味がありません。イヤなこと、嫌いなことからは運気を吸収することができないのです。音楽をかけたり、自分なりのお掃除法を工夫したりなどしてみましょう。

楽しみながらお掃除することで、楽しいという「金」の気を空間が覚えるため、生活に豊かさと楽しみごとがやってくるようになります。

風水掃除のPoint

1 化学洗剤はなるべく使わない

化学洗剤は、悪い「火」の気をもちます。お掃除のときに化学洗剤を使うと、その悪い気が空間に広がることに。絶対に使用してはダメというのではありませんが、なるべくなら自然素材の洗剤やクリーナーを使うよう心がけましょう。

洗剤は
陶器のボトルに
詰め替えて

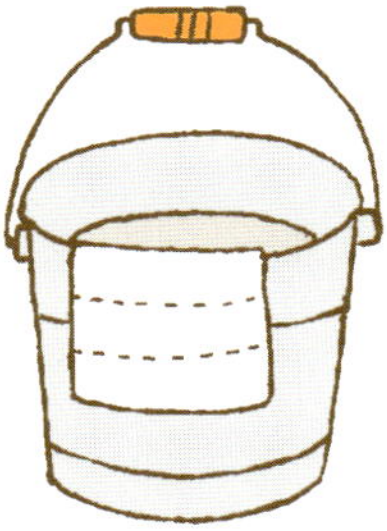

2 基本は水拭きから

空間についた悪い気をクリアにするには、水拭きがいちばん。お水に重曹を少し混ぜておくと、より効果的です。

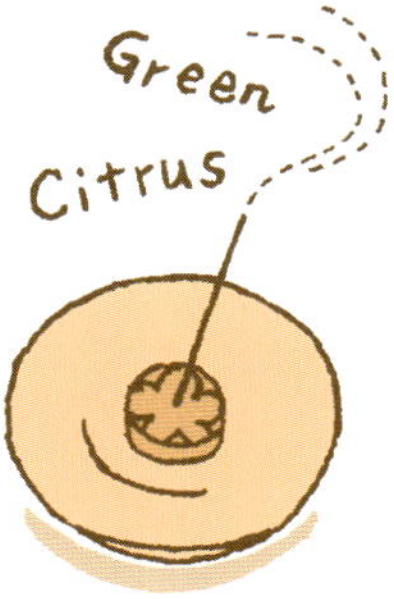
Green
Citrus

3 香りを空間に覚えさせる

空間がキレイになったら、お香やアロマオイルなどを利用して、空間によい香りを吸収させましょう。こうすると、その空間から、その香りのもつ運がもたらされるようになります。気を動かし、浄化してくれるグリーン系やシトラス系の香りがおすすめです。

「やらなくちゃならないから掃除する」ではなく、お掃除することで運のよくなる自分や家族を想像しながら、楽しんでお掃除をしてみましょう。

玄関は気の入口 気合いを入れてお掃除を

悪い気はシャットアウトし よい気だけを家の中へ

気の入口である玄関は、家の中でもっとも大切な場所。よい気だけを招き、悪い気を家の中に入れないよう、しっかりとお掃除をしましょう。

まずは、ドアの拭き掃除から。白い雑巾を使って、家の中、外の順番で拭いていきましょう。いろいろな来訪者の触るドアノブも忘れずに。

また、床を水拭きすると、家の中に入ってきたよい気が増え、悪運を消してくれる効果が。「近頃、何をやってもうまくいかないなぁ」と思うときには、毎日、床を水拭きしてみましょう。

悪い気を家の中に入れないように、フィルターのような役割をしている玄関マットは、それだけに汚れやすいもの。お洗濯をこまめにするよう心がけて。

コートや子どものバッグなどを玄関に置きっぱなしにしていると、よい気が家の中に入るのをじゃまします。人は、目に入る物から気を受ける性質があります。玄関を入ってすぐの空間がゴチャゴチャしていると、運気もとどこおり、女性の場合は、容姿に影響が出ることも……。

「玄関はディスプレイする」くらいの気合いを入れて整理整頓を心がけましょう。

玄関には動く物を置かないこと

玄関には、「動く」物を置かないよう注意しましょう。気の通り口に動く物を置くことで、ケガや事故、トラブルに巻き込まれやすくなります。

ベビーカーや自転車、ショッピングカートなど車輪のついたものは、特に注意して。他の場所に移動できない場合は、布のカバーを掛けるなどして、車輪の部分が見えないよう工夫してください。

玄関掃除のPoint

1 床の水拭きは効果大

気の入口である玄関の床を水拭きすると、運気上昇に効果大。「何をやってもついてない」と感じるようなときにおすすめです。重曹水を使うと浄化効果が高まります。

2 ドアは白い雑巾で

白い雑巾で、ドアの内側、外側の順に拭きます。白はよい変化を起こす色ですから、きれいな雑巾を使うと運気アップにつながります。ドアノブも忘れずに磨きましょう。

3 玄関マットはこまめに洗濯

外出から帰ってくると、いろいろな運がついてきます。お客さまにしても、運気のよい方、悪い方とさまざま。玄関マットは悪い気を受け止め、家の中に入るのを防いでくれます。雑多な気で汚れやすい物なので、こまめなお洗濯を心がけて。

水まわりは美容運に直結!いつも清潔に保ちましょう

浴室の汚れはお肌の状態に悪影響が

女性は「水」の気をもつ存在。水まわりの汚れからは、もっとも影響を受けやすいという特徴があります。「水」の気は愛情運や恋愛運、人とのつながりといった運気をもつだけでなく、女性の肌や髪を表しますから、水まわりの汚れは、肌や髪のコンディションに大きく影響することになります。

特にバスルームのタイル目地、壁などに生える黒カビや水垢は、肌荒れを引き起こす原因となりますので、できる限りの換気やお掃除を心がけましょう。

また、お風呂は1日の悪い気を流す場所です。残り湯を取っておくと、悪い運を空間に漂わせることに。最後に出る人が浴槽を洗い流すようにしましょう。残り湯を取っておくなら、湯の中に水の浄化グッズ

浴室掃除のPoint

1 とにかく換気をする

バスルームは換気を心がけて。湿気がこもると、黒カビなどが生えて、お肌に影響が出ます。また、ジメジメした浴室や洗面所は、恋愛運にもマイナス。好きでもない人から言い寄られたり、欲しくない縁が切れなかったりしますから、こまめな換気を心がけましょう。

2 排水口は清潔に!

排水口が汚れていると、「陰の水」の気、すなわち「水毒」がたまって体の不調の原因となります。水毒がスムーズに排出されるように、パイプ用洗剤などでお掃除しましょう。排水口ネットを使い、髪の毛もしっかり取り除いて。

One More Advice

遊び道具をひとつだけプラス

お風呂には、癒しグッズをひとつだけ加えると、金運アップに効果的です。シャープな形の物より、丸い形の物がおすすめ。

などを入れ、きれいな水の状態を保ちましょう。

洗面所の鏡を磨いてビューティー運もアップ！

洗面所は、そこに住む女性の容姿に影響を与えます。

鏡には気を倍増させる作用があります。鏡に映る空間がゴチャゴチャしていないかをチェックしてください。また、鏡が汚れていると、その汚れも自分の容姿として取り込んでしまいますので、自分を映す鏡はいつもキレイにするよう心がけましょう。

トイレ掃除は床から上に拭くのが基本

トイレは、さまざまな不調の原因となる「水毒」がたまりやすい場所です。

悪い意味での「水」は下のほうにこもるという性質がありますので、トイレ掃除は床をキレイにすることがもっとも大切。トイレをお掃除する場合、床から始めて、上のほうへ拭いていきましょう。

また、悪い気は、見えないところにたまりやすいので、隅や奥のほうのお掃除にも気を配りましょう。

洗面所&トイレ掃除のPoint

1 洗面所の鏡は上から下へ拭く

水まわりを美しく保つことは、そのまま自分を磨くことになります。洗面所の鏡は上から下へ縦に磨いてください。きれいな鏡に自分を映すと、若々しさが保てます。

2 トイレは下から上へと拭く

「陰の水」の気は下のほうにこもります。「水毒」をためないよう、床、便器へと、下から順々に拭いていきましょう。また、便座カバーやマットの洗濯も忘れないように。

キッチンをお掃除して豊かな金運を築きましょう

キッチンの汚れは金運を燃やしてしまう

キッチンは金運をつかさどる場所。汚れていては金運を得ることができません。

特に、電子レンジやガス台など「火」に関する場所が汚れていると、悪い意味での「火」の気が生じ、金運をつかさどる「金」の気を燃やしてしまうことに。電子レンジやガス台の焦げつきや汚れは放置せずに、しっかりと拭き取るよう心がけましょう。

換気扇は、お金との縁を表すアイテム。換気扇の油汚れはお金との縁を燃やしてしまうことに。換気扇のお掃除も、金運アップには大切な要素です。

また、水まわりの汚れはお金の循環を悪化させることになります。水垢はしっかりと取って、常にキレイに保つよう心がけましょう。

1 電子レンジは内から外へ拭き掃除

電子レンジは内側から外側へ拭き掃除をします。「火」の気が強いので、化学洗剤よりもヤシ油やオレンジなど、自然素材のクリーナーがおすすめです。

キッチン掃除のPoint

2 鍋やガス台はピカピカに

鍋やガス台の焦げつきも、悪い「火」の気が生じるもと。金運がダウンしますから、いつもピカピカに磨いておきましょう。

3 換気扇の汚れも忘れずに

換気扇は、お金との縁をとりもつ入口となります。ここが汚れていては、入ってくるはずの金運も逃げていくことに…。自分で掃除するほうが金運アップにつながりますが、汚れがひどい場合は業者に依頼しましょう。

4 水まわりの汚れは衝動買いのもと！

水まわりが汚れていると、イライラしたり、衝動買いの原因に！ 水垢をためないようにして、壁面の汚れも拭きましょう。もちろん、汚れた食器はすぐに片づけること。スポンジもこまめな交換を。

リビングは運気補充の場 ホコリをためず清潔にして

コーナーやソファのホコリは運を落とす

リビングは、「土」の気をもつ場所。「土」の気は、地盤の安定や家庭運、健康運、貯蓄運をつかさどります。

自分の地盤を表すリビングは、さまざまな運気を吸収するうえでとても大切です。しっかりとお掃除をして、運気を吸収しやすい環境をつくりましょう。

リビングのお掃除のポイントは、部屋の四隅。「土」の気は四角い空間を保ちますので、部屋の四隅がゴチャゴチャしていたり、ホコリがたまっていたりすると、土台を安定させることができません。リビングのコーナーはすっきりとさせ、ホコリがたまらないようしっかりとお掃除をしてください。

また、リビングでは座る環境を整えることで、運気を得ることができます。特に、ゆったりとくつろぐためのソファは、リビングの中でもっとも大切

1 床は四隅をしっかりと

「土」の気は四角く、四隅にたまる性質をもちます。リビングのコーナーは、しっかりお掃除してください。床がフローリングなら、ワックスを2度がけしてツヤ出しすると「陽」の気を呼び込めます。

なアイテム。掃除機などを使って、ホコリをためないよう心がけましょう。

リビング掃除のPoint

2 ソファの布カバーは洗濯

リビングでもっとも重要なのは、イスやソファ。リラックスしてよい気を受け取れるよう、整えることが大切です。ホコリなどをためないようにして、布のカバーならこまめに洗濯してください。

3 テレビのホコリに注意

リビングでいちばん目にするのはテレビ。テレビまわりや画面がホコリで汚れていると、悪い気を受け取ってしまいます。また、テレビの裏側に、炭をカゴに入れて置くと、空気を浄化してくれます。

4 コードはスッキリと!

家電のコードがゴチャゴチャとからまっていると、人間関係が複雑になりがち。すっきりとまとめておきましょう。

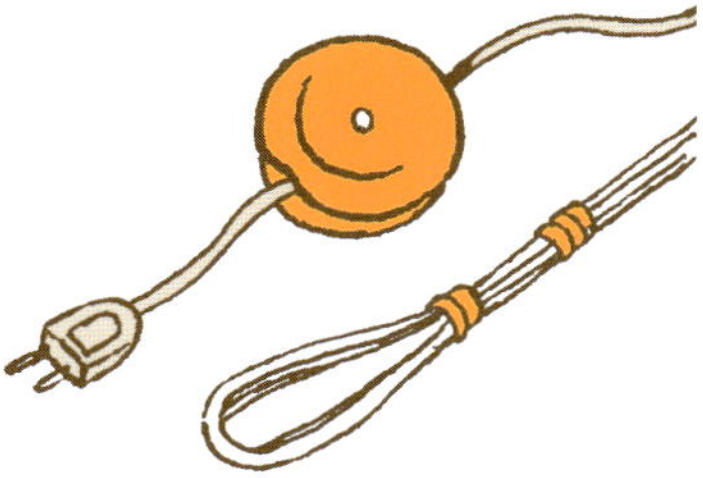

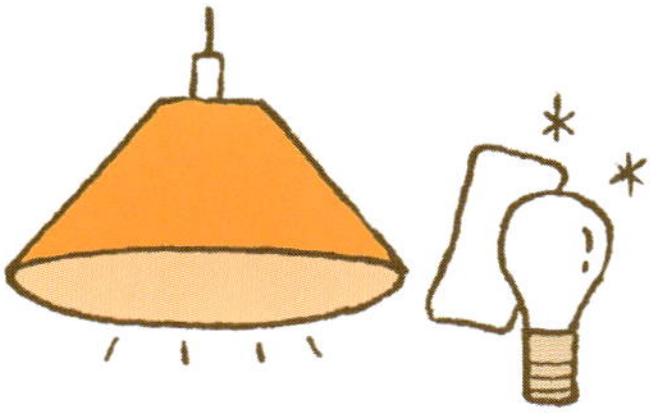

5 照明も拭き掃除をする

部屋の中の照明は太陽の代わり。汚れていては「陽」の気を吸収できません。電球、カバーの順番で拭き掃除を。スタンド式なら脚から拭きましょう。お掃除するだけで、「陽」の気の吸収率がアップします。

人は寝ている間に気を吸収するから寝室はスッキリと整理を！

時間がなければ枕元だけでも整理する

人は、寝ている間に運気を吸収します。

そういう意味で寝室は、運気を築くためにもっとも大切な空間といえるのです。

人は睡眠中にさまざまな気を吸収しますので、当然、寝ている空間の気も吸収しますので、寝室がゴチャゴチャしていたり、汚かったりすると、その気がダイレクトに体の中に吸収され、運の悪い人になってしまいますので、注意しましょう。

どうしても片づかない場合は、せめて枕元だけでも整理を。寝ている間の気は、頭の上から吸収されます。

風水では「寝方の上手な人が運のいい人」といわれます。寝室環境を整え、運のいい人になりましょう。

なお、次ページで紹介している窓や壁の掃除方法は、

寝室掃除のPoint

1 枕元を整理する

寝ている間によい運気を吸収できるように、忙しくても就寝前には枕元を整えて。ライトや花、アロマポットなどを置くとGood。

2 掃除機は静かに

掃除機の騒音で「気」を乱さないように、なるべく静かにかけましょう。フローリングならば、モップやほうきも併用して。

寝室だけではなく、他の場所にも共通です。

窓やカーテンも運気アップには重要

窓は、そこに住む人の美しさやステイタス、知性を象徴します。窓辺にゴチャゴチャと物を積み上げたり、ホコリが積もった状態だと、美しさやステイタス、知性が損なわれるばかりか、人間関係でもトラブルを起こしやすくなります。

また、カーテンは、よい気を家にとどめ、悪い気を吐き出すためのフィルターのようなもの。フィルターが目詰まりしていては、悪い気を吐き出すことができません。カーテンは、季節ごとにお洗濯を。

壁を水拭きして運気をリセット

壁は、その空間に漂う運気を吸収します。壁の汚れは運の汚れだと思って、しっかりと水拭きを。特に、いまの自分の運をリセットしたい人にはおすすめです。

恋愛や人間関係など縁に関する運気が欲しい人は、ピンク系かグリーン系のタオルを使うと効果的です。

窓や壁掃除のPoint

1 窓は外から中へ拭く

窓を拭く順番は、外から中へ。横に拭いていきましょう。明るいほうへ向かって拭くと、「陽」の気を吸収できます。

2 カーテンも洗濯を

カーテンは、よい気を家の中にとどめ、悪い気を外へ出すためのフィルターのようなもの。気の代謝を高めるためにも、季節ごとに洗濯をしましょう。

3 壁は上から下に拭く

上から下へ拭くか、あるいは明るいほうへ向かって横に拭きましょう。

Column

引っ越したときのお掃除方法は?

空間は、そこに住んでいた人の運気を記憶します。

運のいい人が住んでいたのなら問題ありませんが、どんな人が住んでいたのかわからない場合、前に住んでいた人の気をクリアにするためにも、転居したときにはしっかりとお掃除を。

まず、壁やつくりつけの家具などがあれば、すべて重曹水で水拭きをします。その後、さらに水拭きをして、空間にこもる気をすべて清浄化しましょう。

お掃除は、午前中から始めるのが理想ですが、無理な場合は、午後からでもかまいません。

特に、キッチンやバス、トイレなど水まわりのお掃除はしっかりと行ってください。水まわりには金運の気がこもります。前の住人の金運がどうだったのか不明な場合は、念入りに。床がフローリングの場合はワックスをかけ直し、カーペットなら水拭きした後に、掃除機をかけます。

新築物件の場合でも、しっかりとお掃除をすることで、気が清浄化され、新しい運を与えてくれるようになります。ぜひ、お試しを。

Chapter
7

自分の吉方位を知りましょう

生年から割り出す本命星によって、「吉方位」があります。
吉方位に出かけることで、よい運気を吸収できたり、
吉方位で物を捨ててくると、
その土地の気が自分に向かって流れてくるとされます。

Chapter 7
自分の吉方位を知りましょう

生まれ年によってあなたの本命星が決まります

本命星によって吉方位は変わる

本書で何度か「吉方位」という表現を使わせていただきました。吉方位は、生まれ年で割り出す本命星から知ることができます。

風水では、吉方位に出かけることで、その土地や方位のもつ運気を吸収できるとされています。本書では旅行風水については触れていませんが、吉方位へ出かけ、その土地の水辺にアクセサリーを流してくるなど、方位を使うことをおすすめしています。まずは下の表から、自分の本命星を見つけてみましょう。

なお、1月1日から2月3日（生まれ年がうるう年なら2月4日）までに生まれた人は、前年の本命星となりますのでご注意ください。

あなたの本命星は？

一白水星《いっぱくすいせい》	二黒土星《じこくどせい》	三碧木星《さんぺきもくせい》	四緑木星《しろくもくせい》	五黄土星《ごおうどせい》	六白金星《ろっぱくきんせい》	七赤金星《しちせききんせい》	八白土星《はっぱくどせい》	九紫火星《きゅうしかせい》
昭和38年生まれ	昭和37年生まれ	昭和36年生まれ	昭和35年生まれ	昭和34年生まれ	昭和33年生まれ	昭和32年生まれ	昭和31年生まれ	昭和30年生まれ
昭和47年生まれ	昭和46年生まれ	昭和45年生まれ	昭和44年生まれ	昭和43年生まれ	昭和42年生まれ	昭和41年生まれ	昭和40年生まれ	昭和39年生まれ
昭和56年生まれ	昭和55年生まれ	昭和54年生まれ	昭和53年生まれ	昭和52年生まれ	昭和51年生まれ	昭和50年生まれ	昭和49年生まれ	昭和48年生まれ
平成2年生まれ	平成元年生まれ	昭和63/64年生まれ	昭和62年生まれ	昭和61年生まれ	昭和60年生まれ	昭和59年生まれ	昭和58年生まれ	昭和57年生まれ
平成11年生まれ	平成10年生まれ	平成9年生まれ	平成8年生まれ	平成7年生まれ	平成6年生まれ	平成5年生まれ	平成4年生まれ	平成3年生まれ
平成20年生まれ	平成19年生まれ	平成18年生まれ	平成17年生まれ	平成16年生まれ	平成15年生まれ	平成14年生まれ	平成13年生まれ	平成12年生まれ

方位を測るときは西偏角度に注意しましょう

磁北は地図上の真北より6度西へ偏る

次ページから本命星ごとの吉方位をご紹介していますが、方位を見るときには「西偏角度」に注意してください。

方位を測るときには、地図上の真北ではなく、西偏角度を修正した磁北で測ります。

磁北は、東京を起点にした場合、真北より約6度西に偏いています。実際に地図を見ながら方位を割り出す際には、この北のとり方に注意してください。

方位は、自分の住んでいるところを中心として考えます（下図は東京が起点）。また、東西南北が30度ずつ、北東、南東、南西、北西方位がそれぞれ60度ずつとなります。

風水の方位とその意味

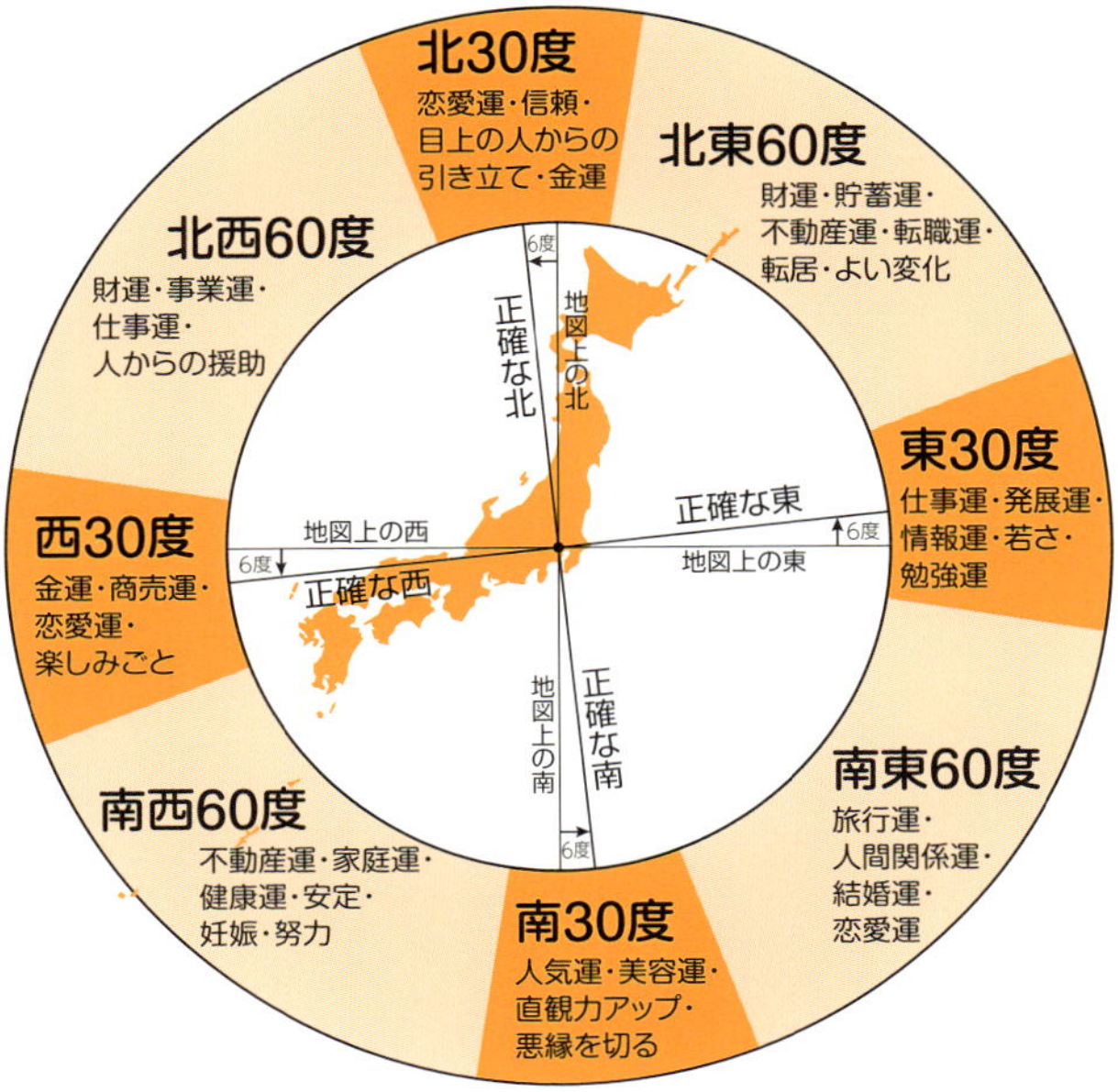

一白水星の吉方位

◇は月の吉方位で、効果は4･7･10･13か月後に表われる。★は年の吉方位で、効果は4･7･10･13年後と遅いが、長く強く作用する。◎は月と年の吉方位で、◇と★の両方の効果がある。▲は効果も凶意もない方位。無印は凶方位。

2021

方位	北	北東	東	南東	南	南西	西	北西
1月								
2月		▲	◎				◇	
3月			★					
4月		◇						
5月			★				◇	
6月		◇	★				◇	
7月			◎				▲	
8月								
9月								
10月		▲	◎				▲	
11月		▲	◎				◇	
12月			★				◇	

2022

方位	北	北東	東	南東	南	南西	西	北西
1月		◇						
2月			★				◎	
3月		◇	★	★				★
4月		◇	◎				★	
5月				◎				
6月				◎				★
7月			◎				★	
8月			◎	◎			◎	◎
9月							◎	
10月		◇						◎
11月			★				◎	
12月		◇	★	★			◎	★

2023

方位	北	北東	東	南東	南	南西	西	北西
1月		◇	◎				★	
2月	◇				◇			
3月	◇				▲			
4月			◇					
5月			◇					
6月			▲		▲			
7月	▲				◇			
8月	◇		▲		◇			
9月								
10月			◇					
11月	◇				◇			
12月	◇							

2024

方位	北	北東	東	南東	南	南西	西	北西
1月			◇					
2月		★		◇				
3月	▲				★			
4月	▲	◎		▲	◎	▲		
5月	◇				◎			
6月		◎		▲		◇		
7月						◇		
8月	◇			◇	◎			
9月	◇			◇	★			
10月		★				◇		
11月		★				▲		
12月	▲							

2025

方位	北	北東	東	南東	南	南西	西	北西
1月	▲	◎		▲	◎			
2月	◎		▲		◎		◎	
3月			▲					
4月			◇				★	
5月	◎				◎			
6月					★			
7月			◇				★	
8月			◇				◎	
9月	★				★		◎	
10月	★				◎			
11月	◎		▲		◎		◎	
12月			▲				◎	

二黒土星の吉方位

◇は月の吉方位で、効果は4·7·10·13か月後に表われる。★は年の吉方位で、効果は4·7·10·13年後と遅いが、長く強く作用する。◎は月と年の吉方位で、◇と★の両方の効果がある。▲は効果も凶意もない方位。無印は凶方位。

2021

方位	北	北東	東	南東	南	南西	西	北西
1月		◇						
2月			▲				◎	
3月		◎						
4月		◎						
5月			◇				★	
6月		★	◇				★	
7月								
8月			◇				★	
9月		★						
10月		◎	▲				◎	
11月			▲				◎	
12月		◎						

2022

方位	北	北東	東	南東	南	南西	西	北西
1月		◎						
2月	◇		◇	▲	◎		★	★
3月			◇					
4月				◇				
5月	▲		◇	◇	★		★	
6月				◇				◎
7月			▲				◎	
8月	▲		▲	▲	◎		◎	◎
9月	◇				◎			
10月	◇				◎			
11月	◇		◇		◎		★	★
12月			◇				★	

2023

方位	北	北東	東	南東	南	南西	西	北西
1月				◇				★
2月	★				★			
3月		★				▲		
4月		◎				▲		
5月	★				◎			
6月		◎			◎	▲		
7月	◎				◎	◇		
8月	◎				◎			
9月		★				◇		
10月		★				◇		
11月	★				★			
12月		★				▲		

2024

方位	北	北東	東	南東	南	南西	西	北西
1月		◎						
2月	★				◎			
3月	◎	◎			◎	★		
4月	◎	◎			◎	◎		
5月	◎				◎			
6月		★				◎		
7月						◎		
8月	★				★			
9月		★				★		
10月		◎				★		
11月	★				◎			
12月	◎	◎				★		

2025

方位	北	北東	東	南東	南	南西	西	北西
1月	◎	◎			◎			
2月	◎		◎	▲	◎		▲	
3月			◎					
4月				◇				
5月	★		◎	◇	★		▲	
6月				◇				
7月			★				◇	
8月	★		★	▲	◎		◇	
9月	◎				◎			
10月	◎				◎			
11月	◎		◎		◎		▲	
12月			◎				▲	

2021

方位	北	北東	東	南東	南	南西	西	北西
1月								
2月	◇				◎			
3月	◇		★		★			
4月	▲				★			
5月	▲		◎		★		◇	
6月								
7月			★				▲	
8月			★				◇	
9月								
10月	▲		◎		◎		▲	
11月	◇				◎			
12月	◇		★				▲	

三碧木星の吉方位

◇は月の吉方位で、効果は4･7･10･13か月後に表われる。★は年の吉方位で、効果は4･7･10･13年後と遅いが、長く強く作用する。◎は月と年の吉方位で、◇と★の両方の効果がある。▲は効果も凶意もない方位。無印は凶方位。

2023

方位	北	北東	東	南東	南	南西	西	北西
1月				★				◇
2月			▲					
3月		◇				◎		
4月	★		◇		◇			
5月	◎	▲			◇	★		
6月		▲	▲		▲	◎		
7月	★				▲	◎		
8月	★		◇		▲			
9月		◇				★		
10月			▲					
11月			▲					
12月		◇				◎		

2022

方位	北	北東	東	南東	南	南西	西	北西
1月	▲				★			
2月	★				★			
3月		◇		◎				▲
4月				★				
5月				★				
6月		◇		★				▲
7月	★				◎			
8月	◎			◎	◎			▲
9月	◎	▲			★			
10月	★	▲			★			◇
11月	★				★			
12月		◇		◎				▲

2025

方位	北	北東	東	南東	南	南西	西	北西
1月	▲	▲		▲	▲			
2月	▲		◎		▲		◎	
3月								
4月			★				★	
5月			★				◎	
6月								
7月	▲		◎		◇		★	
8月	◇				◇			
9月	◇				▲		★	
10月	▲				▲			
11月	▲		◎		▲		◎	
12月								

2024

方位	北	北東	東	南東	南	南西	西	北西
1月	★		◇		◇			
2月	◇	▲		◇	◇			
3月	◇	▲			▲	◎		
4月	▲	▲		▲	▲	◎		
5月	▲				▲			
6月		◇		◇		★		
7月				▲				
8月				▲				
9月		◇		▲		◎		
10月	▲				◇			
11月	◇	▲			◇	★		
12月	◇	▲				◎		

四緑木星の吉方位

◇は月の吉方位で、効果は4·7·10·13か月後に表われる。★は年の吉方位で、効果は4·7·10·13年後と遅いが、長く強く作用する。◎は月と年の吉方位で、◇と★の両方の効果がある。▲は効果も凶意もない方位。無印は凶方位。

2021

方位	北	北東	東	南東	南	南西	西	北西
1月	★							
2月	◇	★			◎			
3月	◇	★			★			
4月	▲	★			★			
5月	▲				★			
6月								
7月								
8月								
9月	◇				★			
10月	▲	◎			◎			
11月	◇	★			◎			
12月	◇	★						

2022

方位	北	北東	東	南東	南	南西	西	北西
1月	▲	★			★			
2月	★				★			
3月			★					
4月		◇	★				▲	
5月			★				◇	
6月					★			
7月	★				◎			
8月	◎		◎		◎		▲	
9月	◎	▲			★		▲	
10月	★	▲			★			
11月	★				★			
12月			★				◇	

2023

方位	北	北東	東	南東	南	南西	西	北西
1月		◇	★				▲	
2月			▲					
3月	◎				▲			
4月	★	◇			◇	◎		
5月	◎	▲	◇		◇	★		
6月		▲	▲		▲	◎		
7月	★				▲	◎		
8月	★				▲			
9月								
10月		◇	▲			★		
11月			▲					
12月	◎							

2024

方位	北	北東	東	南東	南	南西	西	北西
1月	★	◇			◇			
2月	◇	▲			◇			
3月	◇	▲			▲	◎		
4月	▲	▲			▲	◎		
5月	▲				▲			
6月								
7月						★		
8月								
9月	◇				▲			
10月	▲	◇			◇	◎		
11月	◇	▲			◇	★		
12月	◇	▲				◎		

2025

方位	北	北東	東	南東	南	南西	西	北西
1月	▲	▲			▲			
2月	▲			◎	▲			
3月				◎				
4月				★				
5月				★				
6月				★	▲			
7月	▲				◇			
8月	◇				◇			
9月	◇				▲			
10月	▲				▲			
11月	▲				▲			
12月				◎				

五黄土星の吉方位

◇は月の吉方位で、効果は4･7･10･13か月後に表われる。★は年の吉方位で、効果は4･7･10･13年後と遅いが、長く強く作用する。◎は月と年の吉方位で、◇と★の両方の効果がある。▲は効果も凶意もない方位。無印は凶方位。

2021

方位	北	北東	東	南東	南	南西	西	北西
1月	◇	◇						
2月	★	◎	▲		◇		◎	
3月	◎	◎	◇		◇			
4月	◎	◎			◇			
5月	◎		◇		◇		★	
6月		★	◇				★	
7月			◇				◎	
8月	★		◇		▲		★	
9月	★	★			◇			
10月	◎	◎	▲		▲		◎	
11月	★	◎	▲		◇		◎	
12月	◎	◎	◇				◎	

2023

方位	北	北東	東	南東	南	南西	西	北西
1月		★	◇	◇			◎	★
2月	★		◎		★			
3月	★	★			◎	▲		
4月	◎	◎	★		★	▲		
5月	★	◎	★		◎	◇		
6月		◎	◎		◎	▲		
7月	◎				◎	◇		
8月	◎		◎		◎			
9月		★				◇		
10月		★	◎			◇		
11月	★		◎		★			
12月	★	★				▲		

2022

方位	北	北東	東	南東	南	南西	西	北西
1月	◎	◎			◇			
2月	◇		◇	▲	◎		★	★
3月		★	◇	◇				◎
4月		★	◇	◇			◎	
5月	▲		◇	◇	★		★	
6月		★		◇	◎			◎
7月	◇		▲		★		◎	
8月	▲		▲	▲	◎		◎	◎
9月	◇	◎			◎		◎	
10月	◇	◎			◎			★
11月	◇		◇		◎		★	★
12月		★	◇	◇			★	◎

2025

方位	北	北東	東	南東	南	南西	西	北西
1月	◎	◎		◎	◎			
2月	◎		◎	▲	◎		▲	
3月			◎	◇				
4月			◎	◇			◇	
5月	★		◎	◇	★		▲	
6月				◇	◎			
7月	◎		★		★		◇	
8月	★		★	▲	◎		◇	
9月	◎				◎		◇	
10月	◎				◎			
11月	◎		◎		◎		▲	
12月			◎	◇			▲	

2024

方位	北	北東	東	南東	南	南西	西	北西
1月	◎	◎	★		★			
2月	★	◎		★	◎			
3月	◎	◎			◎	★		
4月	◎	◎		◎	◎	◎		
5月	◎			★	◎			
6月		★		◎		◎		
7月				◎		◎		
8月	★			◎	★			
9月	★	★		◎	◎	★		
10月	◎	◎			★	★		
11月	★	◎			◎	◎		
12月	◎	◎				★		

六白金星の吉方位

◇は月の吉方位で、効果は4·7·10·13か月後に表われる。★は年の吉方位で、効果は4·7·10·13年後と遅いが、長く強く作用する。◎は月と年の吉方位で、◇と★の両方の効果がある。▲は効果も凶意もない方位。無印は凶方位。

2021

方位	北	北東	東	南東	南	南西	西	北西
1月	◇	★						
2月	◎	◇	▲		★		◎	
3月	★	◇			◎			
4月	◎				◎			
5月			▲				★	
6月		▲	◇				★	
7月			◇				◎	
8月	★				★			
9月	★	◇			◎			
10月	◎	▲	▲		◎		◎	
11月	◎	◇	▲		★		◎	
12月	★	◇						

2022

方位	北	北東	東	南東	南	南西	西	北西
1月	◎				◎			
2月			▲				★	
3月		★	◇					
4月			◇				◎	
5月	★				▲			
6月		◎			◇			
7月	◎		▲		◇		◎	
8月	◎		▲		▲		◎	
9月	★	◎			◇			
10月	◎				◇			
11月			▲				★	
12月		★	◇				★	

2023

方位	北	北東	東	南東	南	南西	西	北西
1月			◇				◎	
2月	▲				★			
3月	▲	◎			◎	★		
4月	◇	★			◎	★		
5月	◇	◎			★	◎		
6月		◎			◎	◎		
7月	◇				◎			
8月								
9月		★				◎		
10月								
11月	▲				★			
12月	▲	◎				★		

2024

方位	北	北東	東	南東	南	南西	西	北西
1月	◇	★			◎			
2月	◎				★			
3月	★				◎			
4月	◎			◎	◎			
5月				◎				
6月				★				
7月				◎				
8月	★			◎	★			
9月	★				◎			
10月	◎				◎			
11月	◎				★			
12月	★							

2025

方位	北	北東	東	南東	南	南西	西	北西
1月	◎			◎	◎			
2月			▲	◎			▲	
3月			◇	★				
4月			◇	◎			◇	
5月				◎				
6月								
7月			▲				◇	
8月			▲				◇	
9月								
10月								
11月			▲				▲	
12月			◇	★			▲	

七赤金星の吉方位

◇は月の吉方位で、効果は4·7·10·13か月後に表われる。★は年の吉方位で、効果は4·7·10·13年後と遅いが、長く強く作用する。◎は月と年の吉方位で、◇と★の両方の効果がある。▲は効果も凶意もない方位。無印は凶方位。

2021

方位	北	北東	東	南東	南	南西	西	北西
1月	◇	★						
2月	◎	◇			★			
3月	★		◇		◎			
4月		◇						
5月			▲				★	
6月			◇				★	
7月								
8月	★		◇		★		◎	
9月	★	◇			◎			
10月	◎	▲	▲		◎		◎	
11月	◎	◇			★			
12月	★		◇				◎	

2022

方位	北	北東	東	南東	南	南西	西	北西
1月		◇						
2月				◇				★
3月				▲				◎
4月		★		◇				
5月	★				▲			
6月		◎		◇	◇			◎
7月	◎				◇			
8月	◎			▲	▲			◎
9月	★				◇			
10月		◎						★
11月								★
12月				▲				◎

2023

方位	北	北東	東	南東	南	南西	西	北西
1月		★		◇				◎
2月	▲		◎		★			
3月	▲				◎			
4月	◇		★		◎			
5月	◇				★			
6月			◎		◎			
7月								
8月			★					
9月								
10月								
11月	▲		◎		★			
12月	▲							

2024

方位	北	北東	東	南東	南	南西	西	北西
1月	◇		★		◎			
2月		◎		★				
3月								
4月		◎		◎		▲		
5月				◎				
6月				★				
7月				◎		◇		
8月								
9月		◎		◎		▲		
10月		★				▲		
11月		◎				◇		
12月								

2025

方位	北	北東	東	南東	南	南西	西	北西
1月		◎		◎				
2月			▲	◎			▲	
3月			◇	★				
4月				◎				
5月			◇				◇	
6月				◎				
7月			▲				◇	
8月				★				
9月							◇	
10月								
11月			▲				▲	
12月			◇	★			▲	

八白土星の吉方位

◇は月の吉方位で、効果は4·7·10·13か月後に表われる。★は年の吉方位で、効果は4·7·10·13年後と遅いが、長く強く作用する。◎は月と年の吉方位で、◇と★の両方の効果がある。▲は効果も凶意もない方位。無印は凶方位。

2021

方位	北	北東	東	南東	南	南西	西	北西
1月	◇	◇						
2月	★				◇			
3月		◎						
4月		◎						
5月	◎				◇			
6月		★						
7月								
8月	★				▲			
9月	★	★			◇			
10月	◎	◎			▲			
11月	★				◇			
12月		◎						

2022

方位	北	北東	東	南東	南	南西	西	北西
1月		◎						
2月	◇		◇	▲	◎		★	★
3月				◇				◎
4月			◇				◎	
5月	▲		◇	◇	★		★	
6月					◎			
7月	◇				★			
8月	▲		▲	▲	◎		◎	◎
9月							◎	
10月								★
11月	◇		◇		◎		★	★
12月				◇				◎

2023

方位	北	北東	東	南東	南	南西	西	北西
1月			◇				◎	
2月			◎					
3月		★				▲		
4月		◎				▲		
5月			★					
6月		◎	◎			▲		
7月						◇		
8月			◎					
9月		★				◇		
10月		★	◎			◇		
11月			◎					
12月		★				▲		

2024

方位	北	北東	東	南東	南	南西	西	北西
1月		◎						
2月				★				
3月		◎				★		
4月		◎		◎		◎		
5月				★				
6月		★		◎		◎		
7月						◎		
8月				◎				
9月		★				★		
10月		◎				★		
11月								
12月		◎				★		

2025

方位	北	北東	東	南東	南	南西	西	北西
1月		◎		◎				
2月	◎		◎	▲	◎		▲	
3月				◇				
4月			◎				◇	
5月	★		◎	◇	★		▲	
6月					◎			
7月	◎				★			
8月	★		★	▲	◎		◇	
9月							◇	
10月								
11月	◎		◎		◎		▲	
12月				◇				

2021

方位	北	北東	東	南東	南	南西	西	北西
1月	◎							
2月			◎				★	
3月			◎					
4月	◎				▲			
5月	★				▲			
6月			◎				◎	
7月			★				◎	
8月	◎		★		◇		★	
9月	◎				◇			
10月	◎		◎		▲		◎	
11月			◎				★	
12月			◎				★	

九紫火星の吉方位

◇は月の吉方位で、効果は4·7·10·13か月後に表われる。★は年の吉方位で、効果は4·7·10·13年後と遅いが、長く強く作用する。◎は月と年の吉方位で、◇と★の両方の効果がある。▲は効果も凶意もない方位。無印は凶方位。

2023

方位	北	北東	東	南東	南	南西	西	北西
1月		◎	★	◎			◇	▲
2月			★					
3月		▲				◇		
4月			◎					
5月		◇	◎			◇		
6月		▲	◎			▲		
7月								
8月								
9月		◇				▲		
10月		◇	★			▲		
11月			★					
12月		▲				◇		

2022

方位	北	北東	東	南東	南	南西	西	北西
1月	◎				▲			
2月				★				◇
3月		◎	◎					
4月		◎	★	◎			◇	
5月			★				▲	
6月		★		★				◇
7月			◎				◇	
8月			◎	◎			▲	▲
9月		★					▲	
10月								◇
11月								◇
12月		◎	◎				◇	

2025

方位	北	北東	東	南東	南	南西	西	北西
1月	◎			◎	▲			
2月	▲			▲	▲			
3月								
4月				◇				
5月	◇				◇			
6月				▲	◇			
7月	◇				▲			
8月				◇				
9月								
10月	◇				▲			
11月	▲				▲			
12月								

2024

方位	北	北東	東	南東	南	南西	西	北西
1月			◎					
2月				◎				
3月								
4月	◎			◎	▲			
5月	★			★	▲			
6月								
7月				◎				
8月	◎				◇			
9月	◎			★	◇			
10月	◎				▲			
11月								
12月								

おわりに

～新装版の刊行によせて～

「整理収納」が、皆さまの運気に関連していることを私が初めてお話ししてから、16年以上の月日が流れました。

今でこそ整理収納やお掃除が運気に影響することが周知されていますが、当時はとても驚かれました。

なぜなら、風水に対して「この方角に〇〇を置く」「カーテンを〇〇色にする」くらいの認識をお持ちの方が多く、風水を実践していた方にとっても「空間を清浄にすることで開運する」というのは、新しい発見だったようです。

それから長い時を経て、清浄で整った空間が人にもたらす強力なパワーを体感される方が多くなり、運を得た方が増える中で、「整理収納」が風水を実践するうえでもっとも大切なベースであることに気づかれたのだと思います。

このたび、風水を仕事にするプロフェッショナルを育成するための「李家幽竹　空間風水学会」の設立に伴い、学会資格のひとつである「整理収納風水コース」の資格取得のためのテキストとして、新しい情報を盛り込んだ新装改訂版である本書を使用することとなりました。

本書を読んで、整理収納風水のプロとして活躍したいと思ってくださる方が、たくさんいらっしゃれば、うれしく思います。

風水を仕事にしようと思われない方々も、この本を読んで、運気のベースとなるのがその人の住む空間であり、そこからどんな運気を得るかは、その空間の収納によって決まるということを今一度考えていただきたいと思います。

収納とは文字通り「物を収めて入れておく」ことを指します。

どんな運気を自分の空間に「保管」したいか。それによってどんな運気を得たいかは、皆さまが自身の暮らしの中で見つけていくものです。

「風水収納整理術」は、人生に光をもたらす必要なものと、人生を闇へと導く不要なものを分け、「不幸のタネ」を自分の人生から「片づける」ためのもの。

この本が、皆さまを光に満ちた幸せへと導くきっかけになれば幸いに思います。

李家幽竹

李家幽竹（りのいえ　ゆうちく）
「風水とは環境を整えて運を呼ぶ環境学」という考え方のもと、衣食住、行動全般にわたる様々な分野でアドバイスを行っている。講演、セミナーを中心に、テレビ、ラジオ、雑誌でも活躍。著書に『李家幽竹の開運風水』『李家幽竹の幸せ風水』『九星別 366日の幸せ風水』『李家幽竹　花風水カレンダー』など多数。累計発行部数は700万部を超える。
整理収納風水アドバイザーをはじめ、風水を仕事にする人材を育成するため、「一般社団法人　李家幽竹　空間風水学会」を設立し、理事長をつとめる。

●李家幽竹オフィシャルwebサイト
https://yuchiku.com/

●一般社団法人 李家幽竹 空間風水学会
https://feng-shui.or.jp/

新装版　運《うん》がよくなる風水収納《ふうすいしゅうのう》＆整理術《せいりじゅつ》

2003年６月10日　初 版 発 行
2019年12月20日　最新２版発行
2021年２月１日　第４刷発行

著　者　李家幽竹
発行者　杉本淳一

発行所　株式会社日本実業出版社　東京都新宿区市谷本村町３−29　〒162-0845
大阪市北区西天満６−８−１　〒530-0047
編集部　☎03-3268-5651
営業部　☎03-3268-5161　振　替　00170-1-25349
https://www.njg.co.jp/

印刷／壮 光 舎　　製 本／若林製本

この本の内容についてのお問合せは、書面かFAX（03−3268−0832）にてお願い致します。
落丁・乱丁本は、送料小社負担にて、お取り替え致します。

ISBN 978-4-534-05749-5　Printed in JAPAN